LE CONCORDAT

LE CONCORDAT

QU'ON L'OBSERVE LOYALEMENT

OU QU'ON LE DÉNONCE

PAR UN LAÏC

PARIS
BLOUD & BARRAL
4, rue Madame

LYON
VITTE, LIBRAIRE
Place Bellecour

1891

PRÉFACE

Quand même ma respectueuse voix pourrait s'élever jusqu'à ces hautes régions où les erreurs prolongées peuvent avoir de si funestes suites, elle ne saurait y être prise pour celle de l'audace ou de l'imprudence. Dieu donna à la franchise, à la fidélité, à la droiture, un accent qui ne peut être contrefait ni méconnu.

JOSEPH DE MAISTRE, *Du Pape*, liv. II, chap. VII.

A tous ceux qui croient encore à la prédominance du Créateur sur la créature, de l'âme humaine sur la chair et du devoir sur les intérêts, à tous ceux qui aiment la religion et la patrie plus que leur tranquillité, à tous mes frères dans l'Eglise militante, salut!

Nous sommes traités, dans notre propre pays, comme jamais peuple vaincu n'a été traité par un vainqueur impitoyable; nous sommes des parias, des hors-la-loi, des pestiférés; on vilipende officiellement tout ce que nous aimons, on dépense, à profusion, l'argent — notre argent

— pour écraser l'enseignement de nos doctrines; on écarte nos enfants des fonctions publiques, rien que sur le vu de leur qualité de catholiques; on ne nous reconnaît que le droit de payer l'impôt.

A ceux qui en ont assez, comme moi, de cet abaissement de nos personnes et de cette oppression de notre foi, j'offre ces protestations tracées avec de l'encre.

De l'encre, encore de l'encre! n'en a-t-il pas assez coulé?

Mieux vaudrait du sang, j'en conviens; mais le sang viendra à son tour, le sang des martyrs, le sang du sacrifice, purificateur et sauveur.

C'est pour lui préparer la voie que je verse l'encre aujourd'hui.

Quant à ceux qui sont décidés à s'en tenir au papier barbouillé, qu'ils écartent ma plume irrespectueuse, qu'ils s'abstiennent de lire ces pages compromettantes : elles pourraient troubler leur quiétude, et peut-être leur donner des remords. En effet, le nombre de ceux qui peuvent sans remords continuer à céder toujours et partout, ou se contenter des résistances isolées et molles qui se pratiquent depuis treize ans, ce nombre est de plus en plus restreint.

L'expérience est faite, le résultat n'en est pas brillant, les catholiques français se sont trompés en ne prenant pas, dès le début, la franche et énergique attitude de leurs coreligionnaires d'Allemagne et de Belgique. Pourquoi ne pas *l'avouer ? Plus d'un évêque et même plus de quatre — on comprendra que je m'abstienne de les désigner par leurs noms — en réponse à un premier travail dans le même genre, m'ont écrit des phrases comme celle-ci :*

« Oui, nous avons été trop prudents, pour ne rien dire de plus...

« ..... Le sentiment du respect pour l'autorité a dominé dans l'épiscopat, sous les premiers coups portés à nos droits par l'autorité civile, et cette habitude de résignation, une fois prise, a été fortifiée ensuite par des sentiments moins nobles, par des nécessités locales habilement exploitées contre chacun de nous...

« ..... La faute commise est bien explicable : on a voulu éviter d'exciter encore les passions ameutées, on s'est flatté de lasser l'attaque à force de mesure et de courtoisie dans la défense... On s'est trompé... »

Il est vrai que, pour être juste et complet, à côté de ces approbations de mes idées par nos chefs naturels et indispensables, je devrais citer d'autres réponses moins encourageantes et moins flatteuses. Un prélat que j'aime et que je vénère m'a traité d'indiscipliné, presque de révolté ; un autre ne saurait admettre qu'on mette le Pape en cause, si indirectement que ce soit ; un troisième se plaint, presque avec amertume, de l'intrusion du laïcisme dans les affaires ecclésiastiques ; il m'a paru disposé, pour peu qu'on le poussât, à amnistier cette intru-

sion de la part d'un Jules Ferry et d'un Paul Bert, plutôt que de la part d'un Keller ou d'un Chesnelong. Qui sait? Je suis peut-être à ses yeux un laïque laïcisant, plus laïcisant et plus dangereux que mon voisin l'Inspecteur d'Académie.

En résumé, voici ce qui résulte de mon petit plébiscite :

L'épiscopat, partagé, est plutôt défavorable à ma thèse. Le clergé des paroisses est partagé aussi, mais plutôt favorable. Les religieux de tous ordres sont unanimement avec moi, tous, jésuites, dominicains, maristes, tous sans exception de moi connue, il n'y a pas deux opinions. A l'étranger, il faut entendre les prêtres anglais, américains, allemands! Notre résignation, étant donné le tempérament français, leur paraît inexplicable.

Quant aux laïques français, leur appréciation me semble condensée dans ces trois fragments de lettres reçues de la même personne successivement :

1882 : « Allons donc! vous êtes d'une témérité!... » — 1886 : « Il y a du pour et du contre, cela peut se soutenir. » — 1891 : « Ah! que vous avez donc raison! »

Moi-même, je l'avoue, je n'étais pas très rassuré sur la justesse et moins encore sur l'à-propos de mon opinion, lorsque timidement, pour la première fois, en 1883, je la laissai s'échapper dans un journal. Mon évêque la releva vertement. Par respect et pure déférence, le journal inséra, sans observation, la semonce épiscopale, quoi qu'il fût parfaitement libre de ne pas l'insérer ; mais je m'abstins ensuite assez longtemps. Quand je cessai à nouveau de pouvoir me contenir, mon doute et mon inquiétude étaient si peu dissipés, que je ne voulus point recourir au journal, mais au livre, afin de pouvoir choisir mes lecteurs. Surcroît de réserve et de précaution, je ne tirai qu'à trois cents exemplaires ce livre si discutable; tant je cherchais peu le scandale et même le succès !

L'heure paraît venue de s'expliquer moins confidentiellement. Plusieurs brochures publiées en même temps et plus nettes encore, plus hardies que la mienne, ont eu un retentissement qui prouve combien nous sommes désormais à l'unisson avec un sentiment presque universel. Debout ! — En avant ! — Le clergé français en 1890, *par l'abbé X... et d'autres, sous divers titres, ont été des coups de fouet, mais n'ont scandalisé personne.*

Toutefois ces brochures, en général, évitent de conclure. Elles décrivent la maladie, mais craignent de dire la cause du mal. Seul, dans sa Confession d'un anti-sémite, *M. Drumont l'indique accidentellement ; et encore, cette cause étant double, M. Drumont s'arrête-t-il trop, beaucoup trop à la cause seconde de nos désastres religieux : l'abstention des évêques, et ne fait-il qu'effleurer la cause première, celle qui produit cette abstention épiscopale :*

Le Concordat.

Le Concordat, faussé dans son esprit, hâtons-nous de l'ajouter, car le Concordat bi-latéralement interprété, loyalement appliqué, n'a rien qui nous effraye.

A l'exemple de la divine miséricorde, nous ne demandons pas la mort du Concordat, mais qu'il se convertisse et qu'il vive.

C'est seulement au cas où il serait reconnu inconvertissable, que nous lui souhaitons la mort ; et cela parce que la vie de l'Eglise nous est plus précieuse qu'un lambeau de traité à moitié déchiré déjà.

Plusieurs m'engageaient à attendre encore. Attendre quoi ? Que le mal soit irréparable ? Le temps est contre nous, en effet ; il est notre plus redoutable ennemi. C'est cette considération qui m'a décidé à l'initiative hardie et toute spontanée que j'ai prise, sans vouloir, bien entendu, engager d'autre responsabilité que la mienne, malgré de hauts encouragements qu'il ne me convient point de préciser.

Un des membres les plus éminents de la droite sénatoriale m'écrivait naguères :

« Soyez prudent ; je ne voudrais pas prendre ni voir aucun de mes amis prendre la responsabilité d'une rupture devant laquelle l'Eglise recule, malgré tant de bons motifs de la vouloir... »

— Fort bien, Monsieur le Sénateur ; mais ceux qui veulent détruire l'Eglise, et qui ne s'en cachent point, se proposent également de détruire le Concordat, aussitôt que ce gage d'alliance, changé par eux en arme de guerre, aura cessé d'être nécessaire à leur dessein, et ils ne s'en cachent pas davantage.

Est-ce une habileté de notre part de les laisser choisir leur heure ? Ne nous serait-il pas plus avantageux de prendre les devants ou de les forcer à les prendre eux-mêmes, au lieu d'attendre notre épuisement complet ?

Tout au moins, il est bien permis d'envisager à l'avance la suppression du Concordat, puisqu'elle est inévitable un jour ou l'autre, ceux qui nous gouvernent nous l'annonçant comme le couronnement de leur édifice.

Les pages qui suivent ont pour objet de mettre les catholiques de France, simplement, mais virilement, en face de cette éventualité.

CHAPITRE I

Une comparaison : L'armée de Bazaine

C'était pendant l'année terrible, à Metz l'imprenable, à Metz si bien défendue jadis par le grand François de Guise ; à Metz, boulevard de la France contre l'Allemagne ; à Metz-la-Pucelle. Une armée de deux cent mille Français bien aguerris, bien approvisionnés, confiants en eux-mêmes et dans leurs chefs, était entourée par une armée allemande à peine supérieure en nombre mais non supérieure en courage.

Elle aurait pu, dans les premiers jours du blocus, le briser en se jouant. Elle l'avait même rompu à Gravelotte où il ne tint qu'à elle de passer sur le ventre de l'ennemi en recommençant dès le lendemain la sanglante et victorieuse lutte de la veille.

Le général en chef, Bazaine, préféra revenir en arrière et attendre.

Qu'attendait-il ?

On l'ignorait, mais on avait confiance, et l'on croyait à quelque calcul profond.

Cependant les soldats qui savaient Paris assiégé et la France au pillage, en vinrent à trouver le temps long et l'inaction pesante. Bazaine trompait leurs impatiences par quelques engagements d'avant-postes, même par des batailles sérieuses en apparence, mal appuyées en réalité ; mais il attendait toujours.

Et voici que les vivres commencèrent à manquer. On abattit les chevaux pour nourrir les hommes. Un jour on apprenait que la cavalerie était désormais réduite d'un tiers, d'une moitié, des deux tiers de son effectif ; un autre jour que l'artillerie n'avait plus d'attelages pour traîner ses canons.

Les officiers s'interrogeaient entre eux avec une anxiété croissante : « Que se propose donc le Maréchal ? Sait-on quelque chose de ses projets ? » Personne ne trouvait de réponse et Bazaine, invisible à son quartier général, attendait toujours.

L'heure où l'armée serait réduite à l'impuissance approchait maintenant avec rapidité. Plus de cavalerie ni d'équipages de train ; peu de blessés, mais des malades plein les ambulances, et sous les tentes, autour des forts, des hommes vigoureux naguères, amaigris maintenant par les privations, par l'inaction, par les inquiétudes, des spectres de soldats. Et l'on sentait venir une échéance fatale, inévitable, celle d'une honte et d'un désastre tels qu'on n'osait pas prononcer le mot : la capitulation.

Parmi les officiers, les uns, esclaves de la discipline jusqu'au bout, mordant leurs moustaches, erraient comme des spectres, pâles, silencieux, n'osant communiquer leurs alarmes par crainte de médire des chefs ; les autres, de plus en plus nombreux et murmurant chaque jour un peu plus haut, n'hésitaient plus à parler de trahison. Mais bientôt ni silence ni murmures ne servirent plus à rien. L'heure était passée soit de se sacrifier utilement, soit de se mutiner et de remplacer un commandant incapable ou indigne : on ne pouvait plus que mettre bas les armes.

Bazaine était-il incapable ? Non, ses états de services antérieurs protestent contre cette hypothèse.

Avait-il réellement trahi, dans le sens ordinaire de ce mot, et vendu son armée à l'ennemi ? Non encore. D'abord le roi de Prusse n'eût pas été assez riche pour lui payer sa trahison ; puis nul n'ignore que Bazaine est mort pauvre, mort de misère presque autant que de honte.

Sa conduite reste une énigme pour la postérité.

Séduit par on ne sait quel calcul d'ambition personnelle, par on ne sait quelle espérance chimérique qui l'hypnotisa en quelque sorte et l'immobilisa dans une attente béate, ce qu'on peut dire de lui c'est qu'il ne comprit pas sa situation et *ne fit pas son devoir*.

Lorsqu'enfin ses illusions tombèrent, son armée était prisonnière ; prisonnière, cette superbe artillerie qui n'avait presque pas servi ; prisonnière, Metz-la-Pucelle, boulevard toujours, mais boulevard qu'on allait retourner contre la France ; prisonniers, ces vaillants soldats dont bon nombre avaient triomphé jadis à Magenta et à Solférino, à Mentana et à Puebla ; prisonniers, les drapeaux eux-mêmes !

Les catholiques de France, depuis treize ans, sont des soldats de Bazaine.

CHAPITRE II

L'Église de France se meurt ; pourquoi ? Parce qu'elle ne s'est pas défendue.

Eh quoi, me dira-t-on, soldats de Bazaine, les catholiques de France, comment n'avez-vous pas reculé d'effroi devant l'énormité de ce rapprochement ? Soldats de Bazaine, c'est-à-dire soldats immobilisés par le commandement, soldats paralysés dans leurs efforts et voués d'avance à une capitulation qu'ils voient venir et dont chaque jour qui s'écoule rapproche l'échéance, est-ce possible ?

Cher lecteur, c'est plus que possible. S'il suffisait, pour anéantir une aussi formidable possibilité, de refuser de la voir, avec quel empressement on cacherait ses yeux sous son aile, comme l'autruche ! Mais à quoi cela servirait-il, sinon à précipiter l'évènement ? Voilà pourquoi je n'ai pas reculé devant l'énormité d'un rapprochement qui n'est qu'une comparaison, mais qui m'a paru de nature à frapper l'opinion.

C'est plus que possible, je le répète : humainement parlant, c'est certain; à moins d'une intervention divine qu'on peut toujours espérer dans les choses de la religion, ou d'un changement de nature dans la persécution, l'Eglise catholique en France est menée sans bruit, presque sans secousse, lentement, mais sûrement, selon l'expression des extincteurs, à une extinction à peu près complète, inévitable et prochaine.

C'est une question d'années.

Mesurez, je vous prie, le terrain perdu par l'Eglise depuis le déchaînement de la persécution savante, hypocrite, meurtrière pour les âmes seulement!

Souffrez que j'appuie sur cette expression qui caractérise selon moi cette persécution : « *meurtrière pour les âmes seulement* » Pas de curés en prison, pas d'évêques en exil, pas un seul moine sur l'échafaud. Le sang n'a coulé nulle part; mais l'impiété coule de partout; les corps sont intacts, les âmes périssent par milliers et par centaines de milliers.

Quand la persécution rencontre un obstacle et redoute un esclandre trop retentissant, elle fait mine de s'arrêter : vain espoir. Louis XVIII disait du duc d'Orléans : « Ce diable d'homme, on ne le voit pas marcher, mais il avance toujours. »

Rendez-vous compte, si vous pouvez, de la distance parcourue ; mesurez l'énorme fossé qui peu à peu se creuse dans la législation, et bientôt dans les mœurs, entre l'Eglise et la société civile. Voyez comme l'Eglise a été mise hors la loi dans les fondations de charité, dans l'école, dans le mariage, partout. Regardez comme les paroisses naguères pieuses sont entamées, comme les mauvaises sont devenues pires ; mesurez dans nos temples les espaces inoccupés, comptez combien de jeunes gens viennent y prendre la place laissée vide par l'aïeul, et qui le sera bientôt par le père.

La foi s'en va ! Il y a quelques années, un évêque, celui d'Annecy, Mgr Isoard, le constatait déjà avec douleur :

Il se trouve partout, écrivait-il, des femmes qui forment un petit auditoire au prédicateur ; sans la présence de ces quelques personnes fidèles, la prédication s'arrêterait, il n'y aurait plus aucune raison de monter en chaire.

Et comme cet isolement de la chaire de vérité s'est aggravé depuis ! comme il s'aggrave de carême en carême ! Je le répète : c'est une question d'années et j'ajoute : d'un petit nombre d'années.

A côté des constatations formulées par un évêque, en voici d'autres on ne peut plus récentes empruntées à un libre-penseur :

A Paris et dans la plupart de nos villes, la majorité des électeurs, par l'entremise de conseils municipaux qu'elle élit et réélit, persiste à chasser des hôpitaux et des écoles les religieux et les religieuses, afin de mettre à leur place des laïques et de payer deux fois plus cher un service moins bon [1]... En face de l'Eglise s'est dressée une contre-Eglise, sorte d'Eglise négative qui a ou qui tâche d'avoir, elle aussi, ses dogmes, ses rites, sa discipline ; faute de mieux, et en attendant, elle a son fanatisme, celui de l'aversion ; sur un mot d'ordre elle marche en corps contre l'autre, son ennemie, et manifeste sinon sa croyance du moins son incroyance, en refusant ou en évitant le ministère du prêtre... A Paris sur 100 enfants, 24 ne sont pas baptisés. Et de Paris à la province l'exemple et le sentiment se propagent. Depuis seize années, dans nos parlements élus par le suffrage universel, la majorité maintient au pouvoir le parti qui fait la guerre à l'Eglise, le parti qui lui-même a sa religion pour laquelle il réclame l'empire..., et qui dans tous ses actes se proclame anticatholique. Certainement de ces actes plusieurs déplaisent au paysan ; il aimerait mieux garder à l'école le Frère et la Sœur... ; d'ailleurs il n'est pas mal disposé pour le curé résident, qui est un brave homme. Mais en gros, il se méfie des prêtres... Par suite sur dix millions d'électeurs, cinq ou six millions, avec des répugnances partielles et des réserves muettes, continuent à voter, du moins provisoirement, pour des radicaux antichrétiens : c'est ainsi que, par un recul insensible et lent, la grosse masse rurale, à l'exemple de la grosse masse urbaine, est en train de redevenir païenne ; depuis cent ans la roue

---

[1] H. Taine, *La Reconstitution de la France en 1800*, *Revue des Deux Mondes*, 1er juin 1891, p. 515.

tourne en ce sens, sans arrêt, et cela est grave, encore plus grave pour la nation que pour l'Eglise [1].

On objectera que la persécution, si elle obscurcit et même éteint la foi en certains milieux, la ravive en d'autres, que la bourgeoisie française, depuis la loi d'obligation d'athéisme scolaire, obligation à laquelle les riches peuvent se soustraire aisément et qui n'est réelle que pour les pauvres, est devenue plus croyante ; ainsi l'on apprécie davantage une fortune si elle a survécu à quelque vaste *krack* où les fortunes voisines se sont englouties.

L'observation est juste ; les temples catholiques en France tendent à ressembler à ceux de l'église protestante officielle d'Angleterre, *established Church*, dans lesquelles viennent s'asseoir confortablement, en rangs très éclaircis, de corrects *gentlemen* et de charmantes *ladies*, mais où l'on ne voit plus jamais une blouse ni une robe raccommodée. La véritable Eglise du Christ, l'Epouse non séparée de l'Epoux, peut-elle s'accommoder d'une semblable diminution de famille ? N'est-elle pas avant tout l'Eglise des pauvres, l'Eglise du peuple? « *Heureux les pauvres*, parce que le royaume du ciel leur appartient ! »

---

[1] Taine, *Revue des Deux Mondes*, 1er juin 1891, p. 516. Ne pas oublier que cet observateur éminent n'est point catholique.

Mais il y a quelque chose de plus humiliant pour la France que les lois infâmes qui l'ont divisée en deux sociétés religieuses ennemies, dont l'une opprime l'autre : c'est l'inertie et l'aplatissement de la partie opprimée, puisque c'est celle des deux qui compte les plus gros bataillons.

Pourquoi l'oppression a-t-elle pu se produire ? Comment a-t-elle pu durer ? Encore une citation avant de pénétrer dans le vif de la plaie.

Nous ne gagnerons rien à pallier la situation et à ménager les susceptibilités. Ne sommes-nous pas assez « anesthésiés » ? Le respect dû à nos maîtres, à nos pères et à nos frères dans la foi doit-il clore nos lèvres et nous rendre complices de ces abstentions calculées, de ces réserves apostates, de cette fausse prudence d'où sont venus tous nos malheurs ? Non, ce serait de la charité à rebours. Le moment est venu où quiconque croit posséder la vérité doit la crier sur les toits [1].

Nous succombons parce que nous nous sommes peu et mal défendus.

Prenons pour exemple un seul point, le plus important, il est vrai, la loi scolaire.

Comment oublier que les trois quarts des enfants, en France, fréquentent des écoles d'où l'image du Sauveur a été expulsée, d'où le nom même de Dieu est banni, à moins qu'il n'arrive aux oreilles de l'enfant sous forme de blasphème ! Pouvons-

---

[1] *Debout !* p. 108.

nous accepter cela comme définitif ? Si nous l'acceptons, évidemment c'est la déchristianisation du pays ; dans trente ans d'ici, la France sera à évangéliser à nouveau comme une terre païenne. Nous n'avons pas su dire, lorsque cette situation fut créée, que nous ne l'acceptions pas et que, s'il fallait en venir à cette extrémité, les enfants qui fréquenteraient l'école laïque ou athée (c'est la même chose) ne seraient pas admis à la première communion. Croyez-vous que, si nous l'eussions fait, cette loi si laborieusement mise au jour, si contestée dans son principe et, d'autre part, si onéreuse pour les finances publiques, eût résisté six mois à l'indignation universelle, surtout dans nos campagnes ?

On l'a traitée de loi scélérate ; ensuite, cette satisfaction platonique une fois donnée à la conscience, on s'est épuisé en sacrifices individuels pour les écoles chrétiennes ; sacrifices admirables sans doute, mais dont ne profiteront jamais que quelques enfants des grands centres de population, et qui ont le tort d'être la consécration de la loi scélérate ; bref, cette loi, subie d'abord avec une si universelle répulsion, entre peu à peu dans les mœurs.

Et pourtant cette loi était la clé de la position ;

c'est sur ce terrain-là qu'il fallait vaincre..... ou mourir.

Qu'on attende encore un peu pour revenir à l'assaut, pour reprendre contre « la loi scélérate » la guerre implacable que lui ont faite, et avec succès, les catholiques de Belgique et de Hollande ; on verra comme ce sera facile !

Soldats de Bazaine !

CHAPITRE III

Pourquoi l'Eglise de France s'est-elle mal défendue? — Effacement de ses chefs. — Contrastes. — Souvenirs et anecdotes.

Mais, reprendra-t-on, il n'est jamais trop tard. Défendons-nous dès maintenant, groupons-nous, formons un grand parti catholique ou plutôt une grande union catholique, car l'Eglise en France ne saurait être un parti.

Union ou parti, peu importerait le mot si l'on obtenait la chose.

On ne l'obtiendra pas : il y a un obstacle et j'oserai, moi chétif, l'indiquer d'un doigt respectueux, mais ferme.

J'eus l'honneur de l'indiquer, dès 1885, à M. le comte de Mun, lorsqu'il songea, après les élections, à former ce grand parti catholique : « Vous ne serez pas suivi; que dis-je? vous serez arrêté par ceux mêmes qui devraient marcher à la tête, mais qui ne voulant ou ne pouvant pas marcher, ne peuvent cependant pas tolérer et, soyons justes, *ne doivent* absolument pas tolérer que d'autres y prennent leur place; cette tolérance, en effet, équivaudrait pour eux à une abdication. »

M. de Mun ne me répondit point, mais l'événement se chargea de la réponse; la même qu'il donne, en ce moment, aux catholiques du Nord et à tant de vaillants comités qui cherchent cette quadrature du cercle : l'organisation d'une armée sans ses chefs naturels.

Je suis loin de méconnaître les résultats fâcheux de nos divisions, héritage de tant de révolutions successives, en catholiques royalistes, catholiques impérialistes, catholiques républicains. En Belgique et en Prusse on a le bonheur de ne pas connaître ces causes de faiblesse. Mais elles sont très secondaires; la lutte, en France, n'est politique que pour les esprits superficiels, et bien rares sont les catholiques qui n'accepteraient point de se défendre comme catholiques tout court. N'est-ce pas à ce titre qu'ils sont opprimés ? Et voit-on que la République ouvre ses bras à M. Piou et à ceux qui se donnent à elle mais sans apostasier dans la vie publique ? Non, on nous pardonnera d'être monarchistes avant de nous pardonner d'être catholiques. Les Francs-Maçons qui ont confisqué la République ne sont unis et intraitables que sur la question religieuse. Proposez-leur de choisir entre la République de l'Equateur et la deuxième moitié de l'Empire de Napoléon III, dans laquelle déjà le cléricalisme était l'ennemi : sans la moindre hésitation ils choisiront le régime impérial.

Cléricaux français, cléricaux nous sommes — ou catholiques, c'est la même chose — cléricaux nous resterons, cléricaux nous nous relèverons ou nous disparaîtrons de la face du pays. Notre malheur est de n'avoir jamais été ni ralliés, ni dirigés comme cléricaux.

Nos frères du reste de l'Europe ont pu former, chacun chez eux, un grand parti catholique qui leur a donné la victoire. Pourquoi et comment l'ont-ils pu?

C'est que leurs prêtres et leurs évêques étaient avec eux.

Sous l'inspiration de Pie IX, ils relevèrent le gant et acceptèrent la bataille. Plutôt que de se taire à l'expulsion des religieux, plutôt que de subir la laïcisation de l'école et l'investiture des fonctions ecclésiastiques par le pouvoir civil, Mgr Melchers, archevêque de Cologne; Mgr Ledochowski, archevêque de Posen (arrête-toi, ô ma plume, pour me permettre de saluer ces grands noms et de les invoquer par une muette prière), l'évêque de Paderborn, pour abréger, tous les évêques de Prusse, oui, *tous*, sans exception, se laissèrent enlever de leurs sièges, emprisonner et exiler; les évêques suppléants, secrètement institués pour remplacer les exilés, furent enlevés à leur tour lorsque la police, au bout de recherches longtemps infructueuses, parvint à les découvrir; tous les curés institués pendant dix ans par les évêques le furent sans traitements, et trois à quatre mille d'entre eux subirent la déportation aux extrêmes frontières de l'empire, notamment dans l'île de Rugen.

Mais aussi, dans une complète unité eux-mêmes, ils avaient fait appel à l'union de tous les croyants sur le terrain religieux en vue de soutenir par tous les moyens le clergé catholique, les écoles catholiques, les journaux catholiques et — il en faut toujours arriver-là, par ce temps de suffrage universel où tout dépend des élections — en vue surtout d'élire des députés catholiques. Ils ne louvoyaient point, n'équivoquaient point. Chaque évêque, dans son diocèse, se considérait comme le protecteur-né du journalisme catholique, et comme le grand électeur catholique de son département. Expulsé, il restait présent par ses délégués, par ses fidèles tant laïques qu'ecclésiastiques.

Pie IX, en 1875, au plus fort de la tempête, afin de relever encore les courages, offrit la dignité de cardinal à Mgr Ledochowski, alors dans la prison d'Ostrowo, et le noble captif ne craignit pas d'accepter. Sa nomination, en effet, reportait naturellement la pensée sur celle de Jean Fischer, évêque de Rochester, lorsqu'il était prisonnier dans la tour de Londres pour n'avoir pas voulu reconnaître la suprématie religieuse de Henri VIII. Furieux, Henri VIII s'écria : « Le Pape lui envoie un chapeau ; moi j'aurai soin qu'il ne puisse s'en couvrir. » Et il lui fit trancher la tête. Les temps et les mœurs étant changés depuis le Barbe-bleue anglais, Guillaume Ier et son tout-puissant ministre le prince de Bismarck se contentèrent de jeter à la frontière le nouveau cardinal, qui alla chercher un refuge à Rome [1].

---

[1] Quelque pénible que soit le contraste pour des regards français, je crois devoir retenir ce tableau un instant encore sous les yeux de mes lecteurs et retranscrire pour eux ce que j'écrivais en ce temps-là même dans un autre ouvrage :

« Chasser des évêques et des curés, ce n'est rien si l'on ne trouve le moyen d'en mettre d'autres à leur place, et de les faire accepter des populations. On ne conçoit pas comment des politiques aussi avisés que ceux qui dirigent les affaires de la Prusse, ont pu commettre la faute de n'y pas songer à l'avance. Or, malgré toutes leurs recherches et leurs promesses, ils n'avaient encore trouvé, au bout de cinq ans, que deux prêtres qui consentissent à accepter des cures conférées par eux. La Providence a joué ce tour à M. de Bismarck, que tous les mauvais prêtres, tous ceux sur lesquels il pouvait compter pour créer un schisme dans l'Eglise, vinssent précisé-

Mais aussi le peuple catholique a compris ; *il a vu* la persécution, et il s'est levé comme un seul homme, et les députés qu'il a choisis non seulement ont fait reculer le tout-puissant Bismarck,

---

ment, et cela avec son approbation et ses encouragements, de sortir de l'Eglise pour passer aux Vieux catholiques.

« Les deux intrus, installés par la gendarmerie dans deux paroisses du grand-duché de Posen, se virent immédiatement frappés de l'excommunication religieuse. Le gouvernement eut beau punir de la prison Mgr Kozmian, auteur présumé de cette excommunication, et faire le vide autour des deux paroisses des apostats, en exilant tous les curés voisins, afin de créer ainsi deux noyaux schismatiques. Les fidèles fuient les églises profanées et font le vide, eux aussi, autour des prévaricateurs.

« D'admirables apôtres, recrutés dans les rangs des séminaristes qui ont reçu l'ordination sacerdotale aux approches de la tempête, ou plus récemment, à l'étranger, s'en vont clandestinement, comme en pays de mission, travailler à la moisson du Seigneur, entrant dans les maisons, que leur arrivée change en églises, catéchisant, consolant, confessant les fidèles que la persécution a rendus orphelins. On les arrête, on les reconduit à la frontière : ils reviennent par le train suivant ; on les emprisonne : ils reviennent dès qu'ils sont libres. On se croirait dans la primitive Eglise, où, fidèle à la lettre et à l'esprit de l'Evangile, l'apôtre ne portait ni sac, ni bourse, ni chaussure. Malheureusement la fermeture des séminaires rend difficile le recrutement de nouvelles vocations. Dieu y pourvoira.

« M. de Bismarck entrevoit enfin un échec. Ses journaux si souples, si serviles envers lui, que lui-même les a gratifiés de l'épithète peu flatteuse de *reptiles*, conviennent que pour cette œuvre, à laquelle cinq à six mois de rigueurs devaient d'abord suffire, ce ne sera peut-être pas assez d'une ou deux

mais sont devenus le pivot du gouvernement dans un pays aux deux tiers protestant.

En France, le peuple catholique sourit et lève les épaules quand on lui dit que la religion est

---

générations, et ni l'Empereur ni son Ministre ne sont immortels. L'Eglise est une enclume qui a usé bien des marteaux; elle usera encore celui-là. »

Voici un extrait d'une lettre datée de Posen, juin 1875 :

« Je vous ferais rire si je vous racontais comment on évalue par thalers la valeur approximative des actes du culte qui attirent les foudres du gouvernement. M. l'abbé Thomas Muzynski a été condamné à douze mois de prison pour cinquante-trois messes basses. L'abbé Volinsgi, curé d'Oporowo, à quatre thalers d'amende pour un sermon prononcé en dehors des limites de sa paroisse. L'abbé Rakowski a un thaler par tête de pénitents confessés à la fête patronale de Borek. L'abbé Merkel au bannissement pour avoir béni des œufs de Pâques à Xions, dans les limites de l'autorité du curé schismatique qui y est installé. Mais le peuple tient bon, et vainement on condamne à des six ou dix mois de prison des ouvriers accusés d'avoir appelé « apostat » un prêtre Vieux Catholique. Les malades se font porter sur le territoire des paroisses encore pourvues de pasteurs légitimes, afin de recevoir les sacrements de leurs mains... Vous connaissez le scandale de Mogilno. Le curé Suszcynski a passé publiquement aux *vieux*, afin de pouvoir se marier. Sa paroisse s'est levée comme un seul homme pour réclamer un autre pasteur et déclarer qu'elle ne voulait plus avoir aucun rapport avec un excommunié. Mais les lois de mai établissent que tout prêtre passant au vieux catholicisme garde les fonctions et bénéfices qu'il possédait comme catholique. M. Suszcynski a le peu enviable privilège d'être le premier à profiter de cette disposition perfide, mais presque inoffensive en réalité, puisque, s'il plaît à Dieu, il sera isolé dans son église vide... »

persécutée. Il voit le curé circuler librement de l'église à son presbytère ; il voit l'évêque faire ses tournées de confirmation ; on lui répète que l'un et l'autre continuent à toucher leur traitement ; et il ne comprend pas.

La persécution ne s'attaque qu'aux âmes, on ne saurait trop le répéter. Le peuple y croira quand elle s'attaquera aux personnes.

Il circulait à Munich, en 1874, une gravure vraiment ingénieuse et typique. Elle représentait le chancelier prussien s'efforçant, au moyen d'un canon Krupp en guise de levier, de renverser une église, emblême de la grande Eglise universelle. Satan, railleur, le regardait, et voici le dialogue qui accompagnait la gravure :

« *Satan* : Mon ami, que faites-vous là ?

« *Bismarck* : Cette église me gêne, je veux la renverser.

« *Satan* : Certes, elle ne me gêne pas moins ; depuis dix-neuf siècles je suis à la besogne pour l'ébranler. Si Votre Excellence réussit, je me démets de mes fonctions en sa faveur. »

On pourrait donner aujourd'hui une suite à cette gravure : Bismarck épuisé, vaincu, râlant dans un coin, et Satan toujours jeune et toujours « en fonctions », repoussant d'un pied dédaigneux le canon Krupp, tandis qu'il introduit d'une main, sous les fondements de l'édifice, une bande de termites ou grosses fourmis, et que de l'autre il fait un geste qui semble dire : « Patience, pas de bruit, prenons notre temps ! »

Les termites, je l'avoue, m'effraient plus pour l'édifice que le canon Krupp...

En France, le peuple a failli comprendre dès 1885, aux élections générales ; peu s'en est fallu — de cent mille voix à peine — qu'il se retournât contre les persécuteurs, en dépit du manque d'organisation des persécutés.

Mais il est trop facile, devant l'apparente indifférence de nos chefs, de lui persuader que notre opposition, à nous laïques, n'est qu'un masque politique.

Un des quatre cents magistrats qui sacrifièrent leurs sièges en 1880, plutôt que de prêter la main à l'iniquité, cherchait un jour, devant moi, à réformer la conscience électorale d'un brave paysan.

— C'est vrai, disait celui-ci, la République ne fait pas notre bonheur ; mais, voyez-vous, nous craignons les changements, c'est pourquoi nous choisissons des républicains.

— Pardon, insista l'ancien magistrat, on ne vous demande pas de ne pas voter pour des républicains, mais au moins prenez-en qui ne persécutent pas la religion.

— Bah! bah! riposta le paysan, la persécution, la persécution, c'est une chanson imaginée pour faire tomber la République.

— Comment, une chanson? Vous croyez donc que moi, père de famille et point riche, j'ai renoncé pour une chanson à une place sûre et bien payée?

— Vous, Monsieur, vous êtes comme les autres, comme tous les nobles et quasi tous les bourgeois; le journal de monsieur l'instituteur m'a expliqué la chose très bien : vous êtes toujours mécontents, irréconciliables, voilà. Regardez les curés et les évêques; est-ce qu'ils ont donné leur démission, eux? est-ce qu'ils se sont fait empoigner par les gendarmes?

Le magistrat démissionnaire essaya de montrer que l'évêque n'avait pas eu, comme les procureurs, à donner son assentiment aux décrets avant leur exécution, qu'il avait donc dû laisser faire ce qu'il n'avait pas le pouvoir d'empêcher ; qu'au surplus, étant inamovible, il aurait commis une lourde faute en donnant sa démission, car on ne sait pas par qui il aurait été remplacé.

Le paysan n'y comprit rien, ou fit semblant de n'y rien comprendre. Il continua à branler la tête et à redire : « Toujours mécontents, irréconciliables... contre la République! »

Il a continué également à voter pour des laïcisateurs en sortant pieusement de la grand'messe.

Un dimanche, dans une paroisse que je pourrais nommer, la clôture d'une mission coïncidait avec des élections législatives. Un des missionnaires rencontra le candidat catholique :

— Remerciez la Providence, cher Monsieur; sur 400 électeurs, 385 ont reçu le bon Dieu ce matin ; vous aurez toutes les voix, moins 15.

Amère surprise ! le candidat catholique obtint 15 voix, le laïcisateur près de 300; or, l'expulsion ou le maintien des religieuses comme institutrices était, cette fois-là, l'enjeu de l'élection.

Il convient d'ajouter que les bons missionnaires, quoique pénétrés de l'importance de cette élection et ayant eu durant toute la semaine force entretiens publics ou privés avec les électeurs, n'avaient pas soufflé mot du devoir électoral. La conscience les poussait à en parler ; la prudence les retint. Les blâme qui voudra! Poursuivis en justice, ils n'auraient eu pour eux que leur conscience, mais pas l'opinion publique si mal éclairée encore, peut-être même pas leur évêque. Ils auraient fait plus de mal que de bien.

Et l'œuvre de la déchristianisation de cette commune, comme du reste de la France, reprit sa course à pas de géant.

Ne craignons donc pas d'appuyer sur l'insuffisance et l'erreur du commandement de notre côté, dans la grande bataille ; plus on insistera, mieux sera sentie l'urgente nécessité d'un changement de tactique.

Nous avons parlé — et nous parlerons encore — de la faute commise sur la loi scolaire. Ce fut la plus grave, mais il y en a eu d'autres.

Lorsque, en 1880, nos religieux furent mis dehors, est-il admissible que pas un évêque ne se soit fait mettre dedans ? Ce mot est d'un gendarme présent, bien malgré lui, sur un champ d'exécution des fameux décrets.

Et les suppressions de traitements de curés, comment l'autorité pontificale, co-signataire et gardienne du Concordat, ne s'est-elle pas cramponnée au Concordat pour les empêcher ? Il suffisait de dire, mais de dire avec résolution à l'autorité civile : « Ah ! vous retranchez à mes curés l'indemnité convenue ? Eh bien, soit, désormais je nommerai mes évêques sans vous ! Le Concordat se trouvera déchiré par le fait ; mais notez que c'est vous qui en aurez arraché le premier feuillet ! »

Car je ne suppose pas un seul instant que la Curie romaine — comme on dit aujourd'hui — ait consenti à discuter cette explication pointue imaginée par Gambetta « que les traitements de curés ne sont dus qu'aux curés de canton, les autres curés n'étant pas des curés mais des desservants » ; en sorte que Pie VII n'aurait stipulé que pour 3.600 paroisses environ sur 40.000! 3.600 curés et moins de 100 évêques, total 3.700 traitements, sur 40.000 ecclésiastiques! C'eût été bon marché, à ce prix, d'abandonner le choix des évêques à l'Etat, et de renoncer aux immenses propriétés ecclésiastiques saisies par l'Etat moins de dix ans auparavant; Bonaparte aurait pu se vanter ce jour-là d'avoir arraché à Pie VII une opération incomparable, qui eût à jamais relégué dans l'ombre celle d'Esaü vendant son droit d'aînesse pour un plat de lentilles.

Non, il est de toute évidence que les négociateurs firent comme nous faisons tous à chaque instant et, par curés, entendirent tous les prêtres chargés de paroisses. J'aime à croire que la Nonciature n'aura pas manqué de soutenir, dans le temps, contre Gambetta et ses légistes, cette interprétation naturelle ; seulement il y a soutenir et soutenir et, dit le proverbe, c'est le ton qui fait la chanson...

Et l'incorporation des séminaristes dans l'armée, n'est-elle pas contraire à l'esprit du Concordat, et tellement contraire que jamais Napoléon Ier, qui avait tant besoin de soldats, ne songea à l'y mettre ?

Enfin, dans la dernière escarmouche, qui n'est pas terminée, en face de ce droit prétendu d'accroissement, qui méconnaît, au préjudice de nos religieux et religieuses, l'égalité des citoyens français devant l'impôt, est-il admissible que les évêques n'aient pas pu s'entendre pour tracer une ligne de conduite à ces congrégations, dont ils sont la plupart supérieurs ?

L'Archevêque de Bourges a répondu : « Payez, vous êtes en petit nombre dans mon diocèse ; le préjudice pour vous sera réparable. — Oui, Monseigneur ; mais le préjudice causé par un tel exemple aux congrégations plus gravement atteintes que les vôtres, avez-vous pu l'oublier ? Votre acquiescement est devenu une arme contre celles qui ne peuvent absolument pas payer, à qui l'on réclame des centaines de mille francs et des millions... »

Les archevêques de Paris, de Lyon, ou pour mieux dire presque tous les archevêques et évêques de France, jusqu'à Mgr Freppel — qui n'est pas un trembleur — se sont tirés d'affaire par l'abstention : « Faites comme vous voudrez ou comme vous pourrez ! » C'est ainsi qu'on a vu les religieuses les mieux en situation de résister, les Petites Sœurs des Pauvres, s'exécuter les premières ; aidées il est vrai, par l'habile et insidieuse intervention de Mme Carnot : « Vous n'avez pas assez pour payer, mes Sœurs ? Combien vous manque-t-il ? Voilà. Ce serait vraiment trop dommage qu'on vendît vos meubles en place publique, et qu'on vous expropriât avec tous vos vieillards ! » Mme Carnot a fait son métier de femme du Président, mais peut-on dire que les évêques aient fait le leur de supérieurs des congrégations ?

Et les bonnes Sœurs, faute d'une direction vainement sollicitée par elles, se sont naïvement exposées à rester sans réplique, lorsqu'ensuite on leur a répondu comme un Lyonnais de ma connaissance : « Vous faites votre quête annuelle, mes Sœurs ? J'avais l'habitude de vous donner tant, mais vous n'aurez rien ; ce que je vous donnais était pour servir à vos vieillards et non pour être porté au fisc. »

Seul à ma connaissance l'évêque de Grenoble, Mgr Fava, a répondu nettement : « Vous ne devez rien, je vous défends de payer ! »

Et encore cette décision si ferme a-t-elle eu le tort d'arriver tard, sans compter le tort plus grave de n'être signée que d'un nom, au lieu de l'être de tout l'épiscopat.

Soldats de Bazaine, soldats de Bazaine !

*
* *

La conduite à tenir, au début de la persécution, dépendait surtout de trois personnalités : l'Archevêque de Paris, le Nonce du Pape à Paris et le Pape lui-même.

Le siège de Paris a beau n'être qu'un archevêché datant de trois siècles à peine, des plus hauts sièges de l'Eglise de France on s'incline vers lui pour savoir ce qui s'y pense, et l'on voit des primats à titres ronflants : primat d'Aquitaine, primat de Belgique, primat des Gaules, craindre de prendre la parole avant que ce dernier venu, qui n'était encore qu'évêque sous Henri IV, ait donné le ton. Ainsi le veut la centralisation française.

Mais l'autorité du Souverain Pontife, dans l'espèce, était prépondérante. C'est lui, lui seul qui a signé pour l'Eglise au Concordat. Il représente une des deux parties ; seul il a le droit de dire à l'autre : « Prenez garde ! ceci est contraire au pacte convenu entre nous deux ! »

Or le Pape avait pour conseiller principal, à Paris, le nonce Czacki, ancien viveur converti mais mal cléricalisé ; homme adroit, spirituel, sceptique au fond, qui ne se fût jamais fait prêtre au temps de saint Pierre, parce que saint Pierre n'avait ni petit collet sous le menton, ni boucles d'argent sur ses souliers.

C'est lui qui, au risque de s'aliéner un parti qui est en France le noyau du grand parti catholique, répondait avec une fine ironie à un légitimiste convaincu qui lui parlait des efforts de Henri V pour monter sur le trône : « *Lilia neque laborant, neque nent* ; les lys ne travaillent ni ne filent ».

Lui encore qui, à la fin d'un dîner diplomatique, fit ce coup de théâtre très admiré, d'esquiver le bras de Mme Jules Ferry — laquelle n'était mariée qu'à la mairie — en se précipitant pour soutenir une douairière censée embarrassée dans sa traîne.

Toujours diplomate et rarement prêtre, il officiait plus volontiers dans les salons que dans les cathédrales. Au moment même des fameux décrets, il acceptait les invitations de MM. Grévy et Floquet, mais déclinait celles de MM. Keller et Chesnelong : c'était sa manière à lui de ne pas compromettre les intérêts qui lui étaient confiés ; il croyait mieux servir l'Eglise par des risettes à ses persécuteurs, que par des encouragements virils à ses défenseurs. Arsinoé dans le rôle de Joad. Ainsi encore Louis XVIII disait : « Attachons-nous à séduire nos ennemis ; nos amis ont une fidélité qui se défendra bien toute seule. »

Paix à la mémoire du cardinal Czacki ! Il a fini de la même mort qu'on peut craindre qu'il n'ait préparée à l'Eglise de France. Cherchant un refuge contre la souffrance dans une maladie, il prit du chloroforme. Il en prit trop, il endormit si bien la douleur, qu'il se réveilla dans l'éternité.

Ses successeurs jusqu'ici lui ont emboîté le pas. Tous myopes, tous ultra-diplomates. Le cardinal Rotelli, contre l'habitude puisqu'il n'est pas Français, a tenu à se faire imposer la barrette rouge par M. Carnot. Cérémonie digne de respect lorsqu'elle se passe entre gens qui tous deux la prennent au sérieux, mais cérémonie dont on s'est scandalisé sur les boulevards, où l'on a souvent l'esprit simple et le cœur droit. Les quolibets n'ont pas manqué : « Regarde donc, Polyte, v'là le bon Dieu qui vient de se faire coiffer par le diable. — Tu crois, Gugusse ? Alors ils se sont jeté de l'eau bénite l'un à l'autre ? — Oh ! à pleins goupillons. — Carnot a dû faire une fichue grimace. — Pas du tout, Carnot a assisté à la messe, et le curé rouge a débité un tas de compliments à celui qui embête tant les curés noirs. — Tiens, c'te blague ! » Ce mot fut la commune conclusion des deux interlocuteurs.

Dans un style un peu moins faubourien, un

journal anticlérical, la *Justice*, a fait les mêmes remarques, sous la signature de M. Pelletan :

Ce sont des cérémonies où tout le monde se diminue. D'abord, l'Eglise. Que diable venait faire là M. Rotelli, prononce du pape ? Tout ce qu'il voyait, tout ce qu'il entendait, était fait pour l'horripiler. On lui jouait la *Marseillaise*, l'hymne de la révolte, non seulement contre les pouvoirs politiques d'autrefois, mais encore contre la théocratie romaine. C'est au petit-fils d'un régicide, maudit par l'Eglise, qu'il venait demander de le coiffer. C'est par des hommes d'un gouvernement passionnément combattu et profondément détesté par le catholicisme, qu'il venait se faire confirmer son titre reçu du Vatican. En vérité, il faut que le clergé comprenne bien peu la dignité de ses doctrines, pour accepter de si singuliers mélanges.

Les représentants de la démocratie française étaient-ils mieux à leur place en cette affaire ? Il semble naturel de répondre : Non...

A quoi un clérical, le plus franc peut-être et pas le moins éloquent des journalistes cléricaux, Paul de Cassagnac, ajoute en guise de commentaire (*Autorité* du 13 juin 1891) :

Savez-vous que ces réflexions de Camille Pelletan, ne sont pas tout à fait déraisonnables ? Il y en a une pourtant, que je me permettrai de combattre, c'est celle qui blâme le président de la République, d'avoir remis la barrette à un étranger, à un Italien.

M. Pelletan a tort et M. Carnot a eu raison ; oui, il a eu raison d'honorer tout spécialement et dans des conditions exceptionnelles, le Nonce qui a le plus fait pour la République, depuis de longues années, et qui s'est le plus montré complaisant.

S'il y a une orientation à gauche parmi certains membres de l'épiscopat français ; si le Saint-Père n'a jamais été exactement renseigné sur la persécution permanente et odieuse dont le catholicisme est victime en France ; si certaines nominations d'évêques sont plus que discutables, c'est à Mgr Rotelli qu'en revient la responsabilité.

Aussi, M. Carnot et le gouvernement de la République lui devaient bien un traitement spécial, établissant clairement qu'on regrette son départ à l'Elysée et au ministère des cultes ; il est vrai qu'on le regrette un peu moins chez les catholiques indépendants et militants...

Si les Nonces n'ont pas brillé par leur caractère, personne n'aurait osé formuler un doute sur les archevêques de Paris. En 1882, le titulaire était le cardinal Guibert, vétéran des luttes pour la liberté d'enseignement ; de plus un anachorète et un saint. Seulement, c'était un optimiste et un vieillard. Consulté par les Congrégations religieuses de son diocèse — ou pour mieux dire de toute la France — au moment psychologique, au moment où il fallait répondre par un oui ou par un non à la déchristianisation légale des écoles publiques, et accepter de concourir à un enseignement sans Dieu ou bien se retirer en masse ; au moment enfin où l'Etat, laïcisateur trop pressé, commettait la faute — une des rares fautes de tactique qu'il ait commises — de montrer la porte aux instituteurs et institutrices congréganistes avant d'avoir formé un personnel laïque suffisant pour les remplacer, voici l'étonnante consultation que donna le pieux cardinal :

Paris, 8 avril 1882.

Mes chers Frères et mes chères Sœurs,

Le régime auquel une loi récente soumet l'enseignement public a fait naître dans vos esprits de légitimes préoccupations. Vous vous êtes demandé si les engagements de votre vocation vous permettaient de conserver le titre et les fonctions d'instituteurs publics dans les conditions nouvelles. Vous m'avez fait part de vos doutes...

Si, en effet, les dispositions de la loi nouvelle devaient vous rendre impossible toute participation à l'instruction religieuse de vos élèves, vous auriez raison de conclure qu'il n'y a plus de place pour vous dans les rangs de l'enseignement officiel. Quand vous avez quitté le monde, prononcé des vœux, donné à votre dévouement à la jeunesse le caractère d'un engagement sacré, c'est en vue de la formation des croyances et des habitudes chrétiennes dans le cœur des enfants..... La culture morale est de toutes la plus nécessaire, et cette culture est vaine si les préceptes ou les conseils qu'on donne ne trouvent pas en Dieu leur autorité et leur sanction..... D'ailleurs, le vœu des familles suffirait à vous tracer votre devoir ; c'est parce que votre habit et votre profession vous désignaient comme les représentants autorisés de l'enseignement religieux, que tant de parents chrétiens vous ont préférés à d'autres maîtres honorables et dignes également de leur estime. En choisissant l'école congréganiste, ces pères et ces mères ont clairement exprimé leur volonté de voir la religion occuper la première place dans les leçons données à leurs enfants.

Mais je ne puis croire que les règlements auxquels peuvent donner lieu les modifications introduites dans la législation, vous créent, en effet, cette situation étrange d'instituteurs religieux qui ne pourraient plus enseigner la religion. Si cet enseignement a cessé d'être obligatoire, on ne voit nulle part qu'il soit interdit. Votre liberté reste donc entière, dussiez-vous, pour l'exercer, vous imposer quelques fatigues nouvelles. Comment l'administration de l'instruction publique pourrait-elle s'étonner de vous voir remplir un devoir de votre vocation expressément formulé dans les statuts de vos diverses sociétés, quand ces statuts ont reçu à différentes époques l'approbation du gouvernement? Comment pourrait-elle trouver mauvais que vous invoquiez la lumière d'en haut en commençant votre tâche quotidienne, et que vous placiez sur vos murs les insignes sacrés que votre règle vous oblige à porter sur vos poitrines? Vos vœux vous obligent à donner l'instruction religieuse; vos statuts, qui mentionnent cette obligation, sont approuvés du pouvoir; et vous n'auriez pas le droit d'observer ces statuts et de pratiquer ces vœux! Il y aurait là une contradiction véritable, qu'il répugne de mettre au compte du législateur.

J'estime donc que vous pouvez et devez conserver vos fonctions.

Encore une fois, le ciel me préserve de suspecter le saint vieillard; mais un aveuglement pareil est à peine croyable et nullement explicable. N'avait-il donc pas lu la loi, ni suivi la discussion dans les Chambres? Pouvait-il se faire illusion sur les intentions qui l'avaient inspirée, sur l'esprit dans lequel elle serait appliquée.

Il est vrai qu'il ajoutait ce correctif :

Si mes prévisions étaient trompées, si quelqu'une des autorités préposées à l'enseignement public voulait vous interdire ce qui est pour vous un devoir d'état et le but supérieur de votre vie, vous devriez réclamer avec respect un droit qui ne me paraît pas contestable. C'est seulement au cas où ce droit serait définitivement méconnu, que vous devriez abandonner un ministère où, par vos connaissances et votre dévouement, par des méthodes éprouvées, par des succès éclatants, vous avez mérité l'estime et la reconnaissance du pays. Dieu veuille nous épargner ce malheur!

En d'autres termes, les religieux étaient invités à ne se retirer que lorsqu'on pourrait se passer d'eux, quand leur retraite ne courrait plus risque de faire échouer la laïcisation.

En vérité, si la consultation du cardinal Guibert lui eût été dictée par Jules Ferry en personne, aurait-elle été différente ?

Et l'enseignement congréganiste capitula avec ensemble, et les laïcisateurs eurent tout le temps nécessaire pour former le personnel laïque qui leur manquait ; et les Frères et les Sœurs, au lieu de s'en aller, attendirent béatement qu'on fût en mesure de les remplacer et de les mettre partout à la porte ; et nulle part l'interprétation du bon cardinal* sur l'enseignement religieux demeuré facultatif ne fut acceptée dans les écoles publiques, si ce n'est çà et là, par hypocrisie, pour tromper les familles et enlever des élèves aux écoles congréganistes ; si bien qu'on vit, qu'on voit encore cette monstruosité : le catéchisme et la prière interdits dans les écoles congréganistes restées provisoirement communales, mais permis, commandés même dans les écoles laïques. Et les catholiques, après s'être donné la platonique consolation de baptiser la loi scolaire de « loi scélérate », se mirent partout en mesure d'en atténuer les désastres en créant des écoles libres ; c'est-à-dire qu'ils l'acceptèrent pratiquement et la firent entrer dans les mœurs.

Même après la violation éclatante de la prétendue neutralité religieuse, même lorsque furent imposés aux enfants, dans bon nombre d'écoles, pour l'enseignement de la morale appelée civique et destinée à remplacer le catéchisme, des manuels formellement condamnés à Rome, même alors l'épiscopat se tut, ou n'éleva que des protestations en papier, de ces protestations que Cialdini qualifiait si bien en 1860, au moment où il envahissait l'Etat pontifical, en apparence malgré Napoléon III, mais en réalité après s'être concerté avec Napoléon III.

Un envoyé du consul français d'Ancône apportait à Cialdini un télégramme de l'Ambassadeur de France à Rome, déclarant que l'empereur Napoléon III ne tolèrerait pas l'invasion, que l'armée d'occupation française allait être renforcée...

— Et patati, patata, répondit le général piémontais à cheval au milieu de son état-major.

Ensuite, passant le télégramme à un officier :

Mettez cela, ajouta-t-il, avec les autres papiers diplomatiques ; les armoires doivent être pleines ; on en fera faire de neuves.

Toutefois, il faut avouer que si l'épiscopat français s'en tint à l'étrange illusion du cardinal Guibert, aidée des connivences du nonce Czacki, moins faciles à qualifier, c'est que leur chef à tous deux, le pape Léon XIII, inclinait, par tempérament, du même côté.

Léon XIII ressemblait par bien des points à l'Archevêque de Paris : pieux et mortifié comme lui, comme lui fin d'esprit, doux de cœur et conciliant à l'extrême, comme lui âgé et redoutant les chocs, n'aimant pas à aborder de front les difficultés et trouvant plus sûr de les tourner, sauf à allonger la route.

C'est presque un proverbe en France, parmi ceux qui s'occupent des affaires ecclésiastiques, que jamais Pape n'a paru si peu renseigné que Léon XIII par ses nonces.

Il y a de l'exagération da... ce proverbe ; en tous cas un Pape a les nonces qu'il veut avoir.

Puis la Maçonnerie commet une lourde méprise.

Qui nous rendra le temps où les Papes avaient les mêmes détracteurs que leur Evangile ; où Pie IX était traité chaque matin, par les journaux maçonniques, d'intransigeant, de brutal, d'idiot, d'esclave des Jésuites ?

Quand nos républicains rencontrent le nom de Léon XIII, tous, ils n'ont rien de plus pressé que de saluer de la plume : « Le grand Pape, l'homme habile, le premier diplomate de notre époque, le vainqueur de Bismarck ! »

A quoi les journaux religieux font écho immédiatement ; de telle sorte que le *tutti quanti* des louanges fait explosion partout à la fois. On dirait un concert de grenouilles et de rossignols le soir, sur le confin d'un bois et d'un marais.

— Eh ! Messieurs les Concertants, distinguons : Oui, certes, Léon XIII a su conclure la paix en Allemagne et cueillir les fruits de la victoire mieux probablement que n'eût fait Pie IX ; mais s'il y a eu victoire, c'est qu'il y avait eu bataille ; or, cette bataille avait été engagée par Pie IX.

Si le Kulturkampf allemand eût éclaté sept à huit ans plus tard, au même temps que le nôtre, savez-vous ce qui, probablement, fut arrivé ? En Allemagne aussi l'épiscopat eût patienté, esquivé, compté sur la lassitude et les changements de personnes.

Et les catholiques allemands se trouveraient aujourd'hui juste aussi avancés que le sont les catholiques français.

Mais il ne faut pas que l'agacement qui résulte pour moi de ce que je me trouve, une fois par hasard, d'accord avec mes contradicteurs habituels, me rende injuste, encore moins irrespectueux et méchant.

Lès francs-maçons encensent Léon XIII, c'est qu'ils ne le connaissent pas. Ils prennent pour leur et saluent comme ami un adversaire temporisateur ; ainsi faisaient les Carthaginois en face de Fabius Cunctator.

Ainsi le nouveau nonce, Mgr Ferrata, apporte à Paris, à ce qu'on affirme, le dessein de « resserrer encore le lien qui existe entre la République et l'Eglise ».

Ce lien étant une corde dans la main de la première et au cou de la seconde, évidemment il ne s'agit point de le resserrer purement et simplement, de façon à compléter au plus vite la strangulation.

Les journaux qui feignent de nourrir ce charitable espoir sont les mêmes qui proclamèrent la conversion du cardinal Lavigerie à la laïcisation, alors que l'illustre primat d'Afrique s'était converti, précisément afin d'écarter la laïcisation, à une république honnête et libérale qui existe en d'autres pays, qu'il voudrait à toute force créer dans le nôtre, mais qui, jusqu'à ce jour, n'y a pris corps que dans l'imagination des Nonces.

Un jour viendra où la Franc-Maçonnerie comprendra mieux cette politique de Léon XIII et du cardinal Lavigerie. Alors elle mettra tout dans le même panier, Pie IX et Léon XIII, et leurs successeurs, quels qu'ils soient, car tous n'ont qu'un même but, et ce n'est point vers Satan qu'ils se tournent quand ils disent : *Adveniat regnum tuum !*

CHAPITRE IV

D'où vient l'inertie de nos chefs ? Du Concordat non observé par une des parties

Encore une anecdote.

Un des plus hauts fonctionnaires de la République, actuellement hors d'Europe et qui ne demanderait certainement pas mieux que de se montrer chrétien, ne fût-ce que pour faire plaisir à un oncle évêque — si cela se pouvait sans danger pour l'avancement — causait un jour avec un autre fonctionnaire non moins élevé et non moins extra-européen pour le quart d'heure ; je n'ajouterai rien de plus à leur signalement quoique connaissant l'un d'eux depuis près de quarante ans ; — il est vrai que je ne l'ai jamais revu, ni cherché à le revoir depuis qu'il est dans les honneurs.

— C'est étonnant, disait l'un, que les catholiques de France se laissent aplatir comme ils font, eux qui sont le nombre !

— Mon cher, répondit l'autre, vous vivez sur un cliché ; croyez-moi, le nombre, en France, n'est plus catholique.

— Quoi qu'il en soit, reprit le premier, il est organisé, il a des cadres, des chefs ; et c'est, ma foi, une chose dont on ne se douterait point.

— Croyez-vous, répliqua le second, que ces chefs soient des incapables ?

— Quelques-uns, mais très peu.

— Des indifférents ?

— Plus rarement encore.

— Des ambitieux qui ménagent leurs droits à un archevêché ou au chapeau rouge ?

— Hé, quelques fois, et pourquoi pas ?... Mais il y en a d'absolument dépourvus d'ambition.

— Alors des lâches qui ont peur de la persécution ?

— Hum ! Hum ! évidemment il y en a de timides, dans le nombre ; mais cette hypothèse est une injustice pour les trois quarts de ceux que je connais.

— Enfin de quoi ont-ils peur ?

— Ils tremblent pour les intérêts qui leur sont confiés et qui, légalement, dépendent sur une infinité de points du bon vouloir de l'autorité civile. Ils sont inamovibles, soit, je leur envie cette supériorité sur nous autres, préfets, gouverneurs ou résidents.

— Moi aussi je la leur envie.

— Oui, mais sachons borner-là notre désir de leur ressembler. Je voudrais bien vous y voir, vous, à la tête d'une administration dont une main étrangère, hostile, arrête et paralyse, quand elle veut, tous les rouages ! On peut retirer à l'évêque, dans la plupart des diocèses, les bâtiments de son grand séminaire et parfois d'un petit séminaire ; on peut refuser systématiquement toutes ses nominations de curés de canton, de vicaires généraux, de chanoines ; on peut lui ôter son traitement ou, sans aller si loin, le réduire indirectement à la misère en supprimant les traitements de ses prêtres, qu'il ne peut cependant pas, ensuite, laisser mourir de faim ; on peut le tracasser à l'infini dans ses écoles, dans ses religieuses, dans le service militaire imposé rigoureusement à ses aumôniers, à ses professeurs de séminaires. Oui, mon cher, vous y regarderiez à deux fois avant de laisser mettre votre diocèse en interdit.

— Je comprends, je comprends, et néanmoins je signale comme étrange — et regrettable — que les évêques ne nous aient jamais fourni un point d'appui sérieux pour les soutenir, nous qui ne leur voulons aucun mal. Tenez, sur la question militaire, si le Pape avait dit un mot...

— Cela dépend ; si ce mot avait impliqué la résolution d'ôter au gouvernement la nomination des évêques, oui ; alors le gouvernement se serait retourné contre le projet de loi. Il se serait retourné comme un gant. Ferry aurait donné l'exemple.

— Et Constans donc ! Et Rouvier ! Et tous les hommes politiques, pratiques, sans en excepter Freycinet, Goblet, Clémenceau et autres qui font du radicalisme pour la galerie ! Jamais la loi n'eût passé sans amendement. Le général Boulanger se serait peut-être acharné à la patronner tout de même ; on eût lâché Boulanger deux mois plus tôt, voilà tout.

— Vous avez raison, le Pape ne connaît pas sa force. Le Pape n'a pas l'air de se douter combien peu nous désirons une rupture. S'il voulait, sur certaines questions, il nous ferait passer par le trou d'une aiguille.

— Mon cher, le Pape est gêné comme les évêques. Pour se soutenir contre l'Italie, il a besoin de la France, et d'un ambassadeur de France... Puis, au point de vue des affaires ecclésiastiques, il n'a pas que la France ; son regard embrasse le monde...

— Oui, mais il pourrait se souvenir qu'il est Pape, avant d'être souverain dépossédé...

— Ça, mon cher ami, c'est son affaire.

— Vous verrez que la disparition du pouvoir temporel amènera une révolution dans les traditions déjà trois fois séculaires des cardinaux, et qu'avant peu, ils en viendront à choisir un Pape non italien.

— Encore une fois, ça c'est leur affaire !

Ainsi se termina la conversation. Elle m'a paru topique et de nature à nous renseigner tous fort utilement. J'en garantis l'exactitude, au moins dans les idées, comme si j'y avais assisté en qualité de témoin.

Nous tenons maintenant la clef du mystère :

Nos évêques sont prisonniers du Concordat.

Mais avant d'aller plus loin, tâchons d'éclairer notre lanterne ; n'imitons pas ces innombrables journalistes qui dissertent sur les Jésuites, ou sur l'Immaculée-Conception, et avant de parler du Concordat, sachons ce que c'est.

Voici le texte du Concordat ou convention conclue, le 26 messidor an IX (15 juillet 1801), entre le pape Pie VII, au nom de l'Eglise, et le Premier Consul, au nom de l'Etat français :

Le gouvernement de la République française reconnaît que la religion catholique, apostolique et romaine est la religion de la grande majorité des citoyens français.

Sa Sainteté reconnaît également que cette même religion a retiré et attend encore en ce moment le plus grand bien et le plus grand éclat de l'établissement du culte catholique en France, et de la profession particulière qu'en font les consuls de la République.

En conséquence, *d'après cette reconnaissance mutuelle,* TANT POUR LE BIEN DE LA RELIGION *que pour le maintien de la tranquillité intérieure,* ils sont convenus de ce qui suit :

ARTICLE 1er. — La religion catholique, apostolique et romaine SERA LIBREMENT EXERCÉE EN FRANCE ; SON CULTE SERA PUBLIC, en se conformant aux règlements de police que le gouvernement jugera nécessaires pour la tranquillité publique.

(Les articles 2 et 3 ont trait à une nouvelle circonscription des diocèses français, et au remplacement des anciens titulaires ; ces articles n'ont plus ici qu'un intérêt historique.)

ART. 4. — *Le Premier Consul nommera,* dans les trois mois qui suivront la publication de la bulle de Sa Sainteté, *aux archevêchés et évêchés* de la circonscription nouvelle. *Sa Sainteté conférera l'institution canonique* suivant les formes établies par rapport à la France, avant le changement de gouvernement.

ART. 5. — Les nominations aux évêchés qui vaqueront dans la suite seront également faites par le Premier Consul, et l'institution canonique sera donnée par le Saint-Siège, en conformité de l'article précédent.

ART. 6. — Les Evêques, avant d'entrer en fonctions, prêteront directement, entre les mains du Premier Consul, le serment de fidélité qui était en usage avant le changement de gouvernement, exprimé dans les termes suivants :

« Je jure et promets à Dieu, sur les saints Evangiles, de « garder obéissance et fidélité au gouvernement établi par la « constitution de la République française. Je promets aussi « de n'avoir aucune intelligence, de n'assister à aucun conseil, « de n'entretenir aucune ligue, soit au dedans, soit au dehors, « qui soit contraire à la tranquillité publique ; et si, dans « mon diocèse ou ailleurs, j'apprends qu'il se trame quelque « chose au préjudice de l'Etat, je le ferai savoir au gouverne- « ment. »

Art. 7. — Les ecclésiastiques du second ordre prêteront le même serment entre les mains des autorités civiles désignées par le gouvernement.

Art. 8. — La formule de prière suivante sera récitée à la fin de l'office divin dans toutes les églises catholiques de France : *Domine, salvam fac Rempublicam ; Domine, salvos fac Consules.*

Art. 9. — Les Evêques feront une nouvelle circonscription des paroisses de leurs diocèses, qui n'aura d'effet que d'après le consentement du gouvernement.

Art. 10. — Les Evêques nommeront aux cures.

Leur choix ne pourra tomber que sur des personnes agréées par le gouvernement.

Art. 11. — Les Evêques pourront avoir un Chapitre dans leur cathédrale et un séminaire pour leur diocèse, sans que le gouvernement s'oblige à les doter.

Art. 12. — Toutes les églises métropolitaines, cathédrales, paroissiales et autres non aliénées, nécessaires au culte, seront remises à la disposition des Evêques.

Art. 13. — Sa Sainteté, pour le bien de la paix et l'heureux rétablissement de la religion catholique, déclare que ni elle, ni ses successeurs, ne troubleront en aucune manière les acquéreurs des biens ecclésiastiques aliénés, et qu'en conséquence la propriété de ces mêmes biens, les droits et revenus y attachés, demeureront incommutables entre leurs mains ou celles de leurs ayants-cause.

Art. 14. — Le gouvernement assurera un traitement convenable aux Evêques et aux Curés dont les diocèses et les paroisses seront compris dans la circonscription nouvelle.

Art. 15. — Le gouvernement prendra également des mesures pour que les catholiques français puissent, s'ils le veulent, faire en faveur des églises des fondations.

Art. 16. — Sa Sainteté reconnaît, dans le Premier Consul de la République Française, les mêmes droits et prérogatives dont jouissait près d'elle l'ancien gouvernement.

Art. 17. — Il est convenu entre les parties contractantes que, dans le cas où quelqu'un des successeurs du Premier Consul actuel ne serait pas catholique, les droits et prérogatives mentionnés dans l'article ci-dessus, et la nomination aux évêchés, seront réglés, par rapport à lui, par une nouvelle convention.

Les ratifications seront échangées à Paris dans l'espace de quarante jours.

Fait à Paris, le 26 messidor an IX.

Ne nous arrêtons pas à discuter les origines de ce contrat [1]. Laissons également de côté les Arti-

---

[1] Il est bon cependant de ne pas oublier combien les négociations furent laborieuses. Au moment de signer, le 13 juillet au soir, dans l'hôtel de Joseph Bonaparte, on présenta subrepticement au cardinal Consalvi, plénipotentiaire de Pie VII, non le texte préparé la veille en commun, mais un autre qui ne mentionnait point l'exercice *public* du culte. Consalvi, qui avait eu heureusement la précaution de collationner avant de signer, refusa de se prêter à la substitution ; mais il consentit à rouvrir la discussion pour essayer de rendre le projet convenu la veille le moins différent possible de celui que le Premier Consul prétendait imposer. On y travailla toute la nuit, sans prendre un instant de repos. Ce fut seulement le lendemain, à midi, qu'on parvint à s'entendre à nouveau.

Le Premier Consul, lorsque son frère lui porta la nouvelle rédaction, où figurait encore la publicité du culte, entra dans une si grande colère qu'il déchira le papier et le jeta au feu, faisant signifier aux négociateurs romains qu'ils eussent à signer son projet à lui ou à partir immédiatement.

Consalvi essaya à son tour la colère du dictateur au grand dîner de ce jour, 14 juillet, où il ne pouvait se dispenser de paraître sous peine de laisser soupçonner au public la rupture des négociations. « Aussitôt qu'il m'aperçut, raconte-t-il dans ses mémoires, il s'écria, le visage enflammé et d'un ton dédaigneux : Eh bien, Monsieur le Cardinal, vous avez voulu rompre ! Soit, je n'ai pas besoin de Rome. J'agirai moi-même. Je n'ai pas besoin du Pape. Si Henri VIII, qui n'avait pas la

cles organiques, par lesquels un des contractants se hâta d'y ajouter des modifications que l'autre contractant n'a jamais acceptées [1]. Tenons-nous en à ce qui est signé des deux parties, c'est-à-dire au document lui-même.

C'est un acte de paix et d'amitié; le préambule

---

vingtième partie de ma puissance, a su changer la religion de son pays, combien plus le saurai-je faire et le pourrai-je, moi!.. Vous pouvez partir, c'est ce qui vous reste de mieux à faire. C'est une rupture, eh bien, soit, puisque vous l'avez voulu. Quand partez-vous donc? — Après dîner, général, répliquai-je d'un ton calme. — Ce peu de mots fit faire un soubresaut au Premier Consul. Il me regarda fixement et, à la véhémence de ses paroles, je répondis, profitant de son étonnement, que je ne pouvais ni outrepasser mes pouvoirs, ni transiger sur des points contraires aux maximes que professe le Saint-Siège... — Rome versera des larmes de sang sur cette rupture, ajouta le Premier Consul. »

Le comte de Cobentzel, ministre de l'empereur d'Allemagne, fut consterné et effrayé des conséquences; rejoignant le général au milieu de la foule des invités, il s'efforça de le calmer et finit par obtenir que les négociations fussent reprises. Le lendemain, Joseph Bonaparte, après une nouvelle séance de douze heures, trouvant Consalvi toujours inébranlable et désirant avec ardeur terminer cette affaire, prit sur lui de présenter à son frère, une seconde fois, la rédaction du Cardinal. Tous les autres plénipotentiaires se joignirent à lui. Le Premier Consul signa enfin; il se réservait de se rattraper sur les Articles organiques.

[1] Les Articles organiques, qu'on a le tort de confondre quelquefois avec le Concordat, furent présentés faussement aux Chambres comme faisant un tout avec lui; mais ils furent

ne permet sur ce point aucun doute, le dernier article en permet encore moins.

C'est de plus un acte bi-latéral qui engage les deux signataires, tellement que si l'un des deux cesse de l'observer, l'autre est par là-même en droit de se dégager, car chacun a donné quelque chose en échange, et il serait malhonnête de retirer ce qu'il a donné en gardant ce qu'il a reçu.

L'Eglise a reçu promesse de la liberté d'exercice de son culte en France, et d'un exercice public;

---

rédigés sans le concours et à l'insu du Pape et de ses mandataires.

Bien loin d'être une exécution du Concordat, comme le prétendait M. Dupin, ils en sont une annulation sur certains points. « Vous êtes libres, » dit le contrat synallagmatique, et il le dit sans commentaires ni restrictions. — « Vous êtes libres, répondent les Organiques, mais à la condition de ne rien faire, ni dire sans ma permission ! C'est ainsi que j'entends la liberté ! » Aussi Pie VII protesta-t-il, dans son Allocution consistoriale du 14 mai 1802, contre une addition nulle de plein droit. Il ne consentit à venir sacrer Napoléon, en 1804, que sur l'assurance formelle, officiellement donnée par M. de Talleyrand, que cette législation parasite serait modifiée. Napoléon III, plus tard, a fait miroiter aux yeux de Pie IX des espérances analogues. Si la République, qui professe si peu de considération pour les Bonaparte et leurs œuvres, était sincère et logique, elle considérerait enfin cette addition comme caduque. M. Emile Ollivier, après un examen attentif, a écrit (*Le Concile du Vatican*, tome I, p. 128) : « Presque tous les Articles organiques me paraissent à abroger... Après presque tous, on peut écrire : Usurpation, abus de pouvoir ! »

de plus, elle a reçu promesse d'un traitement convenable pour ses Evêques et ses Curés. En échange, elle a livré à l'Etat la nomination des Evêques, sauf acceptation de chacun d'eux par le Pape ; elle lui a livré également le droit de refuser les nominations de curés qui déplairaient à l'Etat; elle a renoncé à revendiquer les biens ecclésiastiques aliénés par l'Etat; elle s'est engagée à une prière publique pour l'Etat; elle a pris, au nom de ses Evêques et Curés, l'engagement de ne rien faire contre la sécurité de l'Etat.

Voici quatre-vingt-dix ans que le contrat subsiste. Peut-on dire que l'Eglise ait cessé un instant de l'observer; qu'elle ait inquiété, par exemple, les acquéreurs de biens nationaux ou nommé elle-même ses évêques, ou refusé de chanter le *Domine, salvum ?* Ses chefs, au milieu de tant de révolutions successives, ont-ils jamais été surpris la main dans un complot ?

Si l'Eglise a été fidèle, l'Etat doit l'être aussi.

Or, il est manifeste que, depuis quatorze ou quinze ans au moins, il a cessé de l'être.

Donnons quelques exemples.

Puisque l'article 1er du Concordat stipule l'exercice libre et public du culte catholique, est-il conforme à cet article que, en un temps où nos administrations pullulent de libre-penseurs professant publiquement la libre-pensée, de protestants faisant partie des consistoires de leur religion, de juifs assistant librement aux offices de leur synagogue, que dans ce même temps, dis-je, pas un fonctionnaire ne puisse impunément, sans compromettre son avancement ou sans encourir un déplacement immédiat, être membre d'un conseil de Fabrique ou d'une œuvre scolaire catholique, ou d'une conférence de saint Vincent de Paul, ni suivre impunément une procession? Les processions ont-elles cessé de faire partie de l'*exercice public* de notre culte ? Et cependant on ne trouverait peut-être pas un fonctionnaire, de quelque administration que ce soit, qui osât s'y montrer ; et il n'est pas un préfet, pas un sous-préfet qui remplisse ses devoirs de catholique, si ce n'est peut-être en cachette ; mais dès qu'ils sont à la retraite, on revoit les fonctionnaires aux grand'messes et aux processions ; preuve irréfragable de la compression qui les en écartait auparavant.

Est-il concordataire que le Président de la République, en tournée présidentielle, se croie obligé de faire aux déclarations patriotiques de l'Archevêque de Toulouse, parlant au nom de son clergé, cette réponse outrageante : « J'espère que ces sentiments ne sortent pas seulement de votre bouche, mais qu'ils sont gravés dans vos cœurs », et que l'instant d'après il réponde au pasteur protestant : « Je vous félicite des sentiments que vous exprimez si bien ; ce n'est pas seulement de la tolérance que nous avons pour vous, c'est de l'affection »? (M. Carnot à Toulouse, mai 1891.)

L'Eglise catholique a toujours considéré les ordres religieux comme partie essentielle de son organisation ; sans eux, on peut obéir aux *commandements*, mais non aux *conseils* ; ils représentent la perfection évangélique ; ils sont dans la grande milice ecclésiastique ce que les corps spéciaux sont dans une armée. Dira-t-on que l'Eglise est libre, alors que les ordres religieux ne le sont pas, alors que le droit d'association est accordé à tout le monde sauf à eux, alors que ces corps spéciaux ne peuvent avoir leurs centres de formation, leurs noviciats, que sur un sol étranger ?

Est-il concordataire qu'on expulse de leurs modestes fonctions un garde-champêtre ou un secrétaire de mairie parce qu'ils persistent à laisser leurs enfants dans un séminaire ou dans une école catholique, un gendarme parce qu'il a donné publiquement son obole à une œuvre scolaire libre, un sténographe de la Chambre parce qu'il a signé une pétition contre la loi scolaire ? Toutes ces iniquités se sont vues un peu partout, et la dernière au moment même où j'écris ces lignes, à la Chambre des députés, en juin 1891.

Et pourtant nul n'est et ne doit être inquiété pour souscription à n'importe quelle œuvre tolérée par les lois, ni pour pétitionnement contre n'importe quelle loi, fût-ce la loi de par laquelle existent le Sénat, la Présidence de la République et la Chambre elle-même.

Pourquoi mon fils, qui a fait de brillantes études, ne peut-il entrer dans la diplomatie ou la magistrature, sous prétexte que, ces études, il les a faites dans un séminaire ou dans une école catholique? Pourquoi se voit-il menacé par un projet de loi dont un nommé Pochon a lancé l'idée récemment, de n'être pas même admis au concours pour l'école polytechnique ou l'école de Saint-Cyr ; en sorte qu'il pourra être soldat, mais pas officier, contribuable mais pas apte à diriger l'emploi du produit de l'impôt ; en un mot qu'il gardera toutes les charges, mais pas une seule des prérogatives de son titre de citoyen — et cela uniquement parce qu'il est catholique?

Ici nous avons un texte précis, dans l'article 11 du Concordat, qui autorise les séminaires diocésains. Autoriser un établissement d'instruction à s'ouvrir, n'est-ce pas l'autoriser à avoir des élèves?

Toutes les tracasseries contre le recrutement des séminaires sont donc une contradiction flagrante de l'article 11 et le projet de loi Pochon, en faveur duquel s'organise sous main un pétitionnement où les sténographes de la Chambre glissent leurs signatures sans courir aucun danger, viole non seulement l'esprit, mais la lettre du Concordat.

Est-il concordataire qu'on poursuive un prêtre pour avoir enseigné, en chaire, la doctrine de l'Eglise sur le divorce et sur l'éducation sans Dieu, alors que le Conseil municipal de Paris entretient des chaires d'histoire de la Révolution et de glorification de l'athéisme, alors que la religion est attaquée partout impunément? Est-il concordataire qu'on impose à nos enfants, dans les écoles publiques, d'où l'Evangile est banni, des livres injurieux pour nos mystères et notre histoire religieuse ?

Est-il concordataire d'exiger d'un citoyen français, d'une citoyenne française qui ont payé tous leurs impôts, un supplément de taxe qui triple et décuple pour eux les charges publiques; cela parce qu'ils sont religieux ou religieuses, alors que des étrangers vivent en paix au milieu de nous, dans de magnifiques domaines pour lesquels ils n'acquittent qu'une part d'impôt égale à celle des citoyens?

Pourquoi est-il interdit à un curé de faire partie d'un conseil municipal ou d'un bureau de bienfaisance ? Est-ce que nos curés ne sont pas citoyens français, pour la plupart enfants du peuple ? Est-ce qu'ils ne paient pas leurs impôts, et même maintenant l'impôt du sang ?

Pourquoi interdit-on les Christs et les images religieuses dans les écoles et sur les places publiques, tandis qu'on laisse étaler sur nos murs toutes les malpropretés ?

Pourquoi un instituteur peut-il obliger ses élèves à assister à un enfouissement, tandis qu'il ne peut les obliger à aller à l'église ?

Pourquoi interdit-on aux catholiques d'organiser des processions, tandis qu'on permet les défilés des gymnastes ?

Pourquoi ? Pourquoi ? Je n'en finirais pas ; j'aime mieux m'arrêter en demandant si tout cela est vrai, oui ou non, et si c'est conforme à la lettre, et surtout à l'esprit du Concordat.

La Révolution française se résume dans une trilogie superbe, née de l'Evangile ; mais quiconque croit à l'Evangile et pratique l'Evangile se trouve exclus de cette trilogie.

Liberté pour tous, excepté pour les catholiques.

Egalité entre tous, moins les catholiques.

Fraternité envers tous, sauf envers les catholiques.

La preuve est surabondante : le contrat, devenu arme de guerre dans la main d'un des contractants, est faussé et caduc. Un des contractants s'en est dégagé ; l'autre peut s'en dégager à son tour quand il voudra.

Il y a plus : nous sommes depuis quatre ans au moins dans un cas résolutoire prévu expressément par le contrat lui-même, article 17. Le successeur du Premier Consul a cessé d'être catholique. M. Sadi-Carnot, en effet, a-t-il été baptisé ? La chose fut discutée lors de son élection à la Présidence. En tous cas, il a renié son baptême. Ni juif, ni protestant, ni schismatique : ces dénominations diverses coexistent souvent avec un certain esprit d'équité vis-à-vis l'Eglise catholique ; mais franc-maçon, c'est-à-dire excommunié. Sur ce, veuillez relire l'art. 17 !

*
* *

Un avocat du Concordat parlant le langage du droit et de la raison, s'écriait naguères.

Pourquoi donc, à moins d'être insensé et assez criminel pour préférer la guerre à la paix, vouloir déchirer de gaité de cœur un traité diplomatique librement consenti, qui sauvegarde efficacement l'indépendance réciproque et la bonne harmonie entre les deux pouvoirs, et qui est peut-être encore plus utile à l'Etat qu'à l'Eglise ?... Que si, au point de vue social et politique, cette convention, déjà vieille d'un siècle, parait à quelques-uns susceptible de modifications avantageuses pour les deux parties, pourquoi vouloir procéder révolutionnairement ? N'est-il pas plus loyal et plus digne d'un siècle qui se dit civilisé, d'appliquer à ce traité diplomatique les procédés qu'indique le droit des gens ? Il appartient aux deux puissances contractantes, mais il n'appartient qu'à elles, de soumettre cette grave et délicate question à un examen approfondi et compétent [1].

Que ne puis-je à mon tour espérer d'être entendu ! Je dirais à ceux de nos concitoyens qui ne veulent ni résilier à l'amiable, ni observer le contrat, mais qui se bornent à le violer ou à l'interpréter de façon à nous chasser de la cité, je leur dirais que non seulement leur conduite envers nous est injuste mais que, tenue au nom d'une grande et noble nation comme la France, elle manque de dignité. J'ajouterais qu'elle est injurieuse à la Franc-Maçonnerie libre-penseuse, qui se met ainsi en contradiction avec elle-même.

Ah ! que vous seriez donc aimables, messieurs de la Libre-Pensée, si vous vouliez bien laisser libre la pensée de ceux qui ne pensent pas comme vous !

Vous resteriez ainsi fidèles aux principes de 1789. Principes aimés, rêves séduisants dont furent bercés tous ceux qui, comme moi, virent

---

[1] L'abbé Joly, *Etude sur le Concordat*, p. 145.

le jour dans la jeunesse de ce siècle. Où sont-ils aujourd'hui ces « immortels principes » ? Longtemps le monde entier espéra d'eux un renouveau de vertu, une ère indéfinie de paix et de fraternité. Que sont devenues ces illusions d'antan ? envolées, dispersées, anéanties par la faute de la Franc-Maçonnerie.

Puisque libre-pensée il y a, si la Libre-Pensée était sincère, en devenant maîtresse de la République, elle eût commencé par biffer le Concordat. Est-ce qu'il lui appartient de réglementer les religions, à elle qui n'y croit pas ?

Ne devrait-elle pas plutôt les abandonner à la liberté et au temps, ces deux grands dissolvants de toutes les erreurs, de tous les mensonges et de toutes les illusions humaines ? — puisqu'elle considère toutes les religions comme des mensonges et des erreurs ?

Quant à tenir envers elles la conduite de Néron :

J'embrasse mon ami, mais c'est pour l'étouffer,

encore une fois cela n'est pas digne d'une noble nation comme la France, ni d'une grande idée comme celle de 1789.

Voilà ce que je dirais si je croyais pouvoir être entendu de la passion religieuse — ou irréligieuse — pire que les passions politiques. Voilà ce que je crierais de club en club et de mairie en mairie, si j'étais républicain.

Et, soit dit en passant, pourquoi ne le suis-je pas? je ne demanderais pas mieux que de l'être... Je jure de devenir républicain dès que mon pays sera en république.

Pour le moment, il n'est pas en république, il est en franc-maçonnerie.

Puis donc que je ne suis pas républicain... de cette république-là, il ne me reste qu'à expliquer à la Franc-Maçonnerie ce que je voudrais qu'elle dise aux curés et aux moines : « Arrangez-vous comme bon vous semblera, cela ne me regarde point ; allez vous faire pendre où vous voudrez ! »

Mais, encore une fois, la Franc-Maçonnerie ne m'entend point et elle s'en tient à la maxime de Néron.

C'est donc vers les catholiques mes frères que je me tourne, pour conclure sur cette question du Concordat ; c'est à eux que je dis : « On ne veut pas vous délier, brisez le lien ! »

Mais ici, j'arrive au vif de la plaie faite par le dit lien, et si j'appuie du doigt, le blessé va crier :

— Briser le lien, c'est bientôt dit, mais la question est complexe; avec le Concordat, il y a l'indemnité servie au clergé.

— Pardon, l'indemnité vous est due, Monsieur

le Curé ; elle vous est due indépendamment du Concordat ; elle est la compensation, bien insuffisante, des biens d'église confisqués par la Révolution. Remarquez, en effet, que l'arrangement conditionnel intervenu sous le nom de Concordat entre le spoliateur et le spolié eut lieu moins de trente ans après la spoliation, qu'il n'eut par conséquent qu'un effet suspensif de la plainte judiciaire ; que l'arrangement cessant, la plainte revit, qu'il n'y a pas prescription le moins du monde...[1]

---

[1] L'article 14 du Concordat n'est, comme le remarque très loyalement M. Emile Ollivier *(L'Eglise et l'Etat,* tome I, p. 115), qu'une confirmation du décret du 2 novembre 1789, par lequel l'Assemblée nationale confisquait les biens du clergé « *à la charge*, pour la nation, *de pourvoir d'une manière convenable aux frais du culte, à l'entretien de ses ministres et au soulagement des pauvres...* Il ne pourra être assuré à la dotation d'aucune cure moins de *douze cents livres* par année, non compris le logement et les jardins en dépendant. »

Douze cents francs par an était un minimum. Il n'a été accordé qu'aux archiprêtres ou curés de canton, et n'a pas été augmenté, tandis que le prix de toutes choses a doublé ou triplé. « Respecter le budget des cultes, ajoute M. Emile Ollivier (ibid., p. 161), implique qu'on en proportionnera les ressources aux nécessités du temps, que les traitements du clergé s'accroîtront jusqu'à ce qu'ils aient atteint le niveau de ceux des autres services publics. Beaucoup de nos prêtres manquent du nécessaire et se débattent contre les angoisses de la misère. » — Est-ce que les biens confisqués n'ont pas acquis eux-mêmes, depuis la cession consentie par le Pape, en 1801, une valeur bien supérieure à celle qu'ils avaient alors ?

— Etc., etc., puissamment raisonné... en droit spéculatif et en théorie, Monsieur le plumitif laïc ; mais en pratique, pensez-vous qu'il soit commode d'argumenter contre l'Etat, un des plus grands voleurs des temps modernes ?

— Oh ! dites le plus grand, Monsieur le Curé.

— Soit, ne nous gênons pas, le personnage ne mérite pas tant d'égards, bien que la justice se rende en son nom. Pensez-vous qu'il serait possible d'actionner, après un siècle, les propriétaires actuels des biens dits nationaux ?

— De cela, Monsieur le Curé, personne n'aurait même l'idée, et le voleur responsable, puisque c'est par son ordre et à son profit que fut commis le vol, se garderait bien d'accueillir la plainte. Mais sans aller inquiéter personne pour les biens vendus, l'Etat garde encore, en 1891, pour plus d'un milliard de biens ecclésiastiques non vendus : bâtiments, forêts, etc.

— Espérez-vous, vous qui en parlez si à votre aise, qu'il les restituera aux propriétaires anciens, redevenus en droit seuls légitimes propriétaires, ou qu'il leur en servira la rente ; en un mot, espérez-vous que le budget des cultes sera continué après rupture du Concordat ?

— Autant vaudrait me demander, Monsieur le Curé, si j'espère voir le torrent me rapporter les foins qu'il m'enleva l'an dernier, ou les jeunes loups se condamner au jeûne et à l'abstinence pour réparer ou tout au moins pour ne pas aggraver les méfaits de leurs aïeux. Non, ceci est une affaire toute différente; le voleur se considère lui-même comme au-dessus de la justice, et il dispose des juges et des gendarmes. L'axiôme de la législation nouvelle pour vous, Monsieur le Curé, est et restera celui-ci : Pas de chaîne, pas de pain !

Mais ce point de vue si grave mérite d'être examiné à part. Nous y reviendrons plus tard, Monsieur le Curé, quand nous aurons considéré de plus près les inconvénients de la captivité et mieux soupesé le poids de la chaîne.

CHAPITRE V

Du danger de laisser à l'ennemi le choix des chefs de l'armée. — Comparaison du clergé français et du clergé allemand.

En vertu de l'article 5 du Concordat, c'est l'Etat qui, en France, nomme les Evêques et Archevêques; avec l'agrément obligatoire du Souverain Pontife, il est vrai; mais plus d'une fois le Souverain Pontife a dû subir un candidat plus ou moins capable, afin d'écarter un indigne.

Imaginons l'hypothèse inverse : le Pape nommant les préfets, fût-ce avec l'agrément obligatoire du chef de l'Etat : trouverait-on cette situation rationnelle et normale pour l'Etat ?

Je vais plus loin, afin d'être encore plus exact. L'Etat, en France, étant aux mains de gens qui ont juré la ruine de l'Eglise, comme Bismarck, continué par Caprivi, la ruine de la France : actuellement la nomination des Evêques par l'Etat offre à l'Eglise tout juste autant de garanties que la nomination des généraux français par Bismarck ou Caprivi en offrirait à la France.

Loin de moi la pensée de manquer de respect à un corps vénérable par ses hautes vertus autant que par ses fonctions sacrées, et dans lequel je m'honore de compter des amis. Je le déclare une fois pour toutes : je ne fais pas le procès à des hommes, mais à une institution, ou plutôt à la déformation d'une institution.

Parmi les évêques on en citerait que leurs Chapitres, ou le Pape laissé à lui-même, eussent choisis, tout aussi bien que l'ont fait MM. Grévy et Jules Ferry, Carnot et Thévenet. Il n'en est pas moins vrai que les ministres des cultes, depuis M. Jules Simon qui fait exception parmi les républicains, ont cherché tout autre chose que la consolidation de ce qu'ils appellent le cléricalisme. Lorsqu'il leur est arrivé d'élever à l'épiscopat, je ne dis pas un homme de foi ni un bon prêtre — le Saint-Siège n'en accepterait pas d'autres — mais UN HOMME DE CARACTÈRE, c'est qu'ils se sont trompés : ils ne l'ont pas fait exprès

Oh ! je n'ignore point, je sais et je proclame que leurs erreurs de ce genre ont été fréquentes ; le Saint-Esprit, auquel ils ne croient pas, leur joue de bons tours. Déjà Louis-Philippe (ce qui prouve que les périls du Concordat ne sont pas d'aujourd'hui), Louis-Philippe, qui ne croyait pas si bien dire, s'exprimait ainsi, à propos d'évêques qu'il avait choisis à cause de leur docilité présumée : « Ils n'ont pas plutôt reçu le Saint-Esprit, qu'ils ont le diable au corps ! »

Il n'en reste pas moins établi que, humainement parlant, le choix des chefs de l'Eglise par les ennemis jurés de l'Eglise est une chose contre nature, et qu'il ne faut rien moins qu'un miracle, disons mieux : une série de miracles, pour que l'Eglise n'en meure pas.

Après le choix des évêques, celui des curés de canton et des chanoines appartient encore à l'Etat, qui peut les agréer ou les refuser selon son bon plaisir.

Les simples desservants étaient en dehors de cette servitude. La troisième République les y a mis, et on l'a laissé faire, on a subi les injonctions des préfets écrivant aux évêques : « Vous déplacerez tel desservant, en ayant soin de lui donner un poste inférieur ; je lui supprime son traitement (bien que ce traitement soit inscrit au Concordat) jusqu'à ce que vous lui ayez infligé la disgrâce que j'exige. » En sorte que ce sont les préfets, et non plus les évêques, qui administrent les diocèses.

La suppression universelle de traitement, pour les chanoines nommés à partir de 1886, n'a pas même eu pour résultat de mettre le choix de ces derniers hors des atteintes de l'ingérence civile.

La jolie chose, n'est-ce pas, que le Concordat ainsi observé !

Je suis un importun « plus catholique que le Pape »; on ne me l'envoie pas dire. Pourtant, bien avant moi un ecclésiastique éminent, M. François Martin, chanoine de Belley, avait signalé dans son livre *Des Moines*, le péril de ce qu'il appelait le régime débilitant des Concordats. Je me bornerai à répéter deux de ses remarques : 1° que, depuis l'application du Concordat en France, sous François Ier, on ne prend plus d'évêques dans les monastères, contrairement à l'usage de la primitive Eglise et du Moyen-Age, et 2° que, depuis cette même époque, on a vu parmi nous, certes, beaucoup de saints évêques, mais plus aucun évêque canonisé ; saint François de Sales ne fait pas exception, puisqu'il était Savoyard et non Français. N'insistons pas ; il ne s'agit pas ici d'établir une thèse pour ou contre le régime des concordats, mais uniquement de constater que l'application du Concordat, telle qu'elle se fait en France depuis treize ans, par une des puissances contractantes au préjudice de l'autre, doit amener infailliblement la ruine de celle-ci, à moins que le contrat ne soit dénoncé par la victime se ravisant enfin et se refusant à périr.

Déjà sous nos rois très chrétiens avait éclaté l'inconvénient de livrer l'administration ecclésiastique à la direction d'une autre ayant des intérêts différents. L'épiscopat était devenu, dès François Ier, un apanage de la noblesse et une sorte de prolongement de la puissance laïque. Presque tous les évêques — non pas tous, mais presque tous — étaient fils de familles, et de familles bien en cour [1] ; hommes souvent sans vocation, trop jeunes, trop riches, beaucoup ne résidaient que le moins possible et ne s'occupaient sérieusement que de toucher les revenus. — Avez-vous lu mon mandement, demandait un évêque à Piron ? — Non, Monseigneur, répondit le poëte sceptique ; et vous ?

Donc le régime d'avant 1789 cultivait avec amour la même servitude épiscopale que celui d'après.

Mais si, entre les deux puissances, les intérêts étaient différents, ils étaient rarement opposés. Le

---

[1] En 1789, sur 134 évêques ou archevêques, il n'y avait que 5 roturiers ; en 1889, sur 90 il ne se trouve que 4 nobles, dont un seul, Mgr de Dreux-Brézé, appartient à une famille historique.

prince était personnellement et officiellement catholique ; le sacerdoce presque toujours se trouvait représenté par quelque ministre dans les conseils de la couronne, et la feuille des bénéfices reposait généralement aux mains de quelque jésuite, confesseur du roi, qui, tout au moins, était « de la partie », se préoccupait des besoins de l'Eglise et y entendait quelque chose.

Aujourd'hui c'est bien pire : les intérêts sont en contradiction absolue : « Le cléricalisme, voilà l'ennemi ! »

Du côté de la science, jamais non plus, depuis le Concordat de François Ier, jamais les garanties des choix n'ont été bien précises. Certes on s'exagère parfois à tort la valeur d'un diplôme ; cependant les examens, les concours ont leur utilité, ne serait-ce que comme crible, afin d'arrêter au passage les paresseux et les absolument incapables. On en tenait compte jadis dans les monastères d'où hélas ! — je l'ai déjà observé — on ne tire plus d'évêques, mais qui en donnaient constamment, et de si éminents, dans la primitive Eglise et au Moyen-Age. Aujourd'hui le jeune clerc docteur en théologie n'a pas, du fait de son doctorat, un atôme d'avenir de plus que celui qui n'est pas même bachelier ès-lettres ou ès-sciences. Est-ce rationnel ?

Les relations, les recommandations tiennent lieu de tout. Est-ce prudent ? Et — voici le péril, le péril formidable du temps présent — ces relations, pour être utiles à un candidat, doivent être nouées en des milieux hostiles à l'Eglise ; ces recommandations, pour être efficaces, doivent venir de l'ennemi. Les nonces peuvent bien encore faire des propositions ; ils en font effectivement ; mais elles sont repoussées net si les sujets en faveur desquels s'exerce leur initiative ne sont pas appuyés par quelque personnage politique influent, ou tout au moins s'ils ont contre eux un de ces personnages.

« Surtout, supplient à l'envi *les épiscopables* qui, de plus en plus nombreux, prennent la peine de se pousser eux-mêmes et encombrent les antichambres de la présidence de la République et du ministère des cultes, surtout, vous tous nos bons amis les députés et sénateurs élus malgré les ministres, surtout ne vous mêlez pas de mon affaire ! » — Or, ces députés et ces sénateurs sont précisément les seuls dont la recommandation devrait être de quelque poids dans le choix d'un évêque, puisque ce sont les seuls qui s'intéressent à la religion autrement que pour l'entraver.

Je rencontrai un jour, dans la principale rue de X..., mon curé qui, déjà vieux, marchait difficilement. Il accepta l'appui de mon bras. Vinrent à passer le préfet, franc-maçon et crocheteur de couvents, et un député hautement renégat depuis que l'ambition l'a mordu au cœur. On se salua d'un groupe à l'autre, sur l'initiative de l'excellent curé.

— Je suis le pasteur de tous, et même des brebis égarées, observa celui-ci, quand le préfet et le député furent hors de la portée de nos voix.

— Vous avez mille fois raison, répondis-je; ces Messieurs auront peut-être un jour besoin de votre ministère, et il ne faut pas qu'ils aient peur de vous. Cependant, repris-je en riant, je vous joue ici involontairement, cher Monsieur le Curé, un bien mauvais tour. En vous voyant avec moi, ces Messieurs vont vous prendre pour un clérical...

— Eh! eh! eh! répliqua finement le Curé, d'un air qui signifiait « Je ne dis pas non! » Mais il s'empressa d'ajouter : Soyez tranquille, je tiens mon bâton de maréchal, je ne vise pas à une crosse!

Je compris à ce mot que ma plaisanterie, au fond, n'en était pas une, et j'eus pour la première fois l'intuition rapide de la toute-puissance de la Franc-Maçonnerie sur l'Eglise de France.

J'avoue que j'en fus atterré.

Voulez-vous que nous nous transportions maintenant, par l'imagination, au conseil des ministres ? Nous y pourrons entendre le dialogue suivant :

Le Président de la République. — Nous avons à choisir un commandant de corps d'armée ; tel nom me paraît convenir.

Un Ministre quelconque. — Il a l'esprit trop militaire ; la majorité, à la Chambre serait mécontente.

Le Président. — Qu'en pense le Ministre de la guerre ?

Le Ministre de la guerre (qui est un civil, et peut-être un socialiste). — Je pense comme le préopinant : un tel ne peut être général : il a trop l'esprit militaire.

Ne riez pas, car voici ce qu'on entend, au même conseil, dix fois par année :

Le Président de la République. — Nous avons à choisir un évêque ; tel prêtre, signalé par sa piété, sa science et son zèle, me paraît convenir.

Un Ministre quelconque. — Il a l'esprit trop clérical ; tel député de la majorité, qui le connaît, ne nous pardonnerait pas cette nomination.

Le Président. — Qu'en pense le Ministre des cultes ?

Le Ministre des cultes (qui est un franc-maçon ennemi de tous les cultes). — C'est évident, un tel serait un embarras pour nous ; il a l'esprit trop clérical.

Le Président. — J'avoue, mes chers collègues, que trop souvent nous avons été roulés... S'il s'agissait de nommer un archevêque, nous agirions à coup sûr, n'ayant qu'à prendre, parmi les évêques, ceux qui ont déjà fait leurs preuves de docilité ; car, entre nous, pour une fois que nous nous sommes avisés de nommer archevêque, d'emblée, un certain curé de Lyon-Vaise... Mais cela ne nous arrivera plus.

Le Ministre des cultes. — Avec ces satanés curés on n'est jamais sûr de rien ; ça vous échappe comme des anguilles.

Le Président. — J'admets donc qu'il convient d'ouvrir l'œil... Mais vous m'accorderez bien, d'autre part, qu'il faut en finir. Voilà six mois que cette nomination traîne, et hier encore le Nonce est venu me rappeler...

Le Ministre des cultes. — Que le Nonce nous f... la paix ! Un tel est un homme éminent, derrière lequel les autres pourraient se grouper; nous ne voulons pas d'évêques de cette espèce. Un tel, y pensez-vous ? il a créé une école libre, et j'ai failli le faire poursuivre comme ayant parlé en chaire contre le divorce, contre la neutralité scolaire, contre les journaux maçonniques. Un tel ?

il assista jadis, pour protester, à l'expulsion de je ne sais plus quelle capucinière ou jésuitière; il appelle des Jésuites pour prêcher le Carême; que sais-je enfin? Je tiens bon, moi, pour la nomination de l'abbé X..., chaudement recommandé par le Vén∴ de la Loge de...

Le Président. — Le Nonce a eu vent de cette recommandation, et jamais le Pape ne donnera l'investiture canonique.

Le Ministre des cultes. — Eh bien, n'avons-nous pas l'abbé Z..., bon homme de curé, très charitable, correct, point gênant, et, en fait de cléricalisme, ni chair, ni poisson?...

Le Président. — Le Nonce l'a déjà refusé.

Le Ministre des cultes. — Connu, connu! Entre le Pape et nous, c'est à qui le premier lassera l'autre. Tenons ferme, il y viendra.

Un autre Ministre. — Et ce sera parfait dans le sens de l'égalité sociale et de la suppression de l'esprit de corps. Oui, assez d'esprit militaire dans l'armée, assez d'esprit de tribord et babord dans la marine, assez d'esprit clérical dans le clergé, assez de supériorités par-ci, de spécialités par-là, d'hommes prétendus nécessaires partout. Soyons tous civils, et tous au même niveau, je ne connais que ça!

Le Président (bas, en lui supposant un éclair

de bons sens). — La nation finira par être un corps désossé, un paysage nivelé, une forteresse rasée; enfin, après moi le déluge! (Haut.) — Nous répondrons au Nonce que nous maintenons la nomination de l'abbé Z.

Le Ministre des cultes. — Au surplus, nous ne sommes pas pressés; la vacance du siège peut bien durer six mois encore, je n'y vois pas d'inconvénient pour ma part.

Le Ministre des finances. — Moi non plus. Six mois d'économisés sur le traitement!

Le Ministre des cultes. — Peuh! six mois de traitement d'évêque, ça fait cinq mille francs au total.

Le Ministre des finances. — Les petits ruisseaux font les grosses rivières; nous verserons cela aux fonds secrets.

***

Ce qui aggrave encore le péril, c'est que l'inamovibilité qui fait la force, et presque la seule force humaine de l'épiscopat, crée des maux en quelque sorte irréparables quand il a été fait un choix malheureux. Nous ne pouvons pas, en effet, changer les chefs sous la direction desquels chaque catholique soutient l'incessante guerre de l'Eglise militante, guerre qui ne connaît point de fin, et pour laquelle les portes du temple de

Janus ne se ferment que lorsque s'ouvrent, pour chacun, les portes de l'éternité.

Si j'ose revenir une dernière fois sur ma comparaison pénible et choquante, je l'avoue, mais juste en plus d'un point, avec l'immobilité de Bazaine sous Metz, je trouve dans une récente *Histoire du général Changarnier*, l'anecdote ci-après :

Le mécontentement était profond dans tous les rangs ; souvent on répétait : « Ah ! si Changarnier nous commandait ! » Cette pensée ne tarda pas à se traduire dans un projet qui avait rencontré de nombreux adhérents ; il s'agissait de déposer le maréchal Bazaine et de proclamer Changarnier commandant en chef de l'armée du Rhin.

Le général Clinchant, patriote ardent, prépara le complot, qui fut communiqué à Changarnier par le capitaine du génie Rossel. Ce jeune officier, qui périt si lamentablement plus tard dans la Commune, vint trouver le général au quartier du maréchal Le Bœuf, où il occupait une petite chambre basse et humide. Après l'avoir prié de consigner sa porte à tout visiteur importun, il lui dit textuellement :

« Mon général, le maréchal Bazaine trahit, il est d'accord avec les Prussiens pour leur livrer l'armée. Nous avons confiance en vous, et toutes nos mesures sont prises pour le déposer et vous donner le commandement en chef. Les meilleurs généraux de l'armée sont à la tête de cette affaire, dont le succès est certain. L'un d'eux a choisi dans sa brigade cent cinquante hommes pour arrêter Bazaine, l'enfermer au fort Moselle, ou s'il résiste...

— N'allez pas plus loin, répliqua vivement Changarnier. Je devrais vous faire conduire devant le maréchal Bazaine ; mais je veux être indulgent pour votre jeunesse, votre inexpérience et votre patriotisme troublé. »

Admirons sans le juger le respect de Changarnier pour la discipline. Peut-être une infraction, dans la circonstance, s'imposait-elle. Peut-être, le gouvernement qui avait nommé Bazaine n'étant plus celui de la France, pouvait-on destituer Bazaine au nom du gouvernement nouveau, ou tout simplement au nom du salut public : *salus populi suprema lex esto*, le salut du peuple avant tout! On a regretté amèrement de ne l'avoir point fait. Mais pour les généraux de l'Eglise militante, l'hypothèse ne peut même pas être posée. Ces chefs, successeurs des apôtres, tiennent leur mission d'une puissance supérieure, inaccessible et au suffrage universel et aux variations de la politique des gouvernements. Le plus puissant et le mieux intentionné des chefs d'Etat peut faire un choix épiscopal regrettable; impossible à lui de le défaire; il nommerait un intrus, il amènerait un schisme, et rien de plus.

Je ne noterai que pour mémoire d'autres raisons moins vitales qui font désirer à l'Eglise de France la suppression ou le remaniement du Concordat de 1801, œuvre d'un potentat qui n'a ranimé qu'un des pouvoirs diocésains, celui de l'évêque, en laissant dans les limbes du passé les anciennes officialités, modératrices de ce pouvoir, et la réalité des Chapitres cathédraux, qu'il n'est plus obligatoire de consulter. Avant 1789, il n'y avait en France que 2,500 curés à titre révocable; aujourd'hui il y en a 34,042 qui, du jour au lendemain, peuvent être déplacés au gré de l'évêque, avec ou sans avertissement préalable, mais sans discussion, et surtout sans appel offrant quelque garantie à l'appelant. Napoléon a mis là comme partout son esprit personnel, l'esprit militaire. De même qu'il avait rêvé une Papauté directrice de toutes les consciences, mais dirigée par l'Empereur, de même il avait pour idéal des évêques omnipotents sur leurs inférieurs et dépendants de l'Empereur seul.

De là, pour l'évêque français, un labeur écrasant, surhumain, incessant, comme sa responsabilité. Si bien secondé qu'on le suppose, un évêque qui fait modérément son devoir, administrant en moyenne 400 paroisses, plus deux ou trois séminaires et cinquante ou soixante communautés religieuses, faisant ses tournées pastorales, confirmant, prêchant, donnant des audiences, écrivant des mandements, attentif aux besoins, aux demandes et aux plaintes de 600 prêtres, pesant leurs mérites pour tirer de chacun d'eux le meilleur parti possible, les soutenant contre l'administration civile et souvent contre le caprice des populations; surtout souffrant de leurs tracas et de leurs impuissances si multipliées aujourd'hui, car il ne saurait prendre d'un cœur indifférent, comme peut faire un préfet qui passe, les difficultés inhérentes à sa charge ; en vérité cet homme est, sans comparaison, le plus occupé et le plus à plaindre de tout son diocèse.

Je viens de parler des préfets qui passent. L'expression est en train de prendre une fâcheuse extension, toujours par la faute du pouvoir civil : elle devient applicable aux évêques. Il n'existe plus de sièges épiscopaux dans les colonies, en Algérie et dans certains petits départements. Des sièges, cela ? Vous vous trompez. Dites des marche-pieds pour gravir plus haut. On pourrait citer plus d'un évêché dont quatre ou cinq titulaires vivent encore simultanément, mais dont trois ou quatre ont eu « de l'avancement. » Qu'auraient pensé de cette mobilité les évêques d'autrefois, qui se considéraient comme mariés, *uxorati*, avec leur église ? Drumont fait à ce propos une confusion de mots habilement voulue et fort spirituelle : « Depuis qu'on a reconnu le désavantage des déplacements trop fréquents pour l'armée, ce sont les officiers qui restent de longues années dans leur diocèse et les évêques qui changent à chaque instant de garnison. »

Mais passons au clergé de rang inférieur. Un coup d'œil sur les habitudes que ce clergé doit à l'omnipotence épiscopale et plus encore à la main mise sur lui et sur les évêques par la puissance civile, complétera la série de nos observations relativement au Concordat, et l'on reconnaîtra bien vite que ce clergé, trop peu occupé souvent alors que ses chefs le sont trop, retrouverait avec profit une part plus grande de responsabilité et de liberté pour se mouvoir.

Certes nos prêtres, sauf de rares exceptions, ont des mœurs conformes à leur état. Ils ont même plus de tenue que leurs confrères d'Allemagne ou des pays méridionaux. On ne les rencontre jamais buvant des chopes dans les brasseries avec leurs paroissiens, ou faisant compagnie à leurs paroissiennes en promenade.

Mais peut-on dire que cette correction, à laquelle le monde entier rend hommage, leur ait valu beaucoup d'autorité parmi nous? On remarque qu'en Westphalie, en Bavière et dans tous les pays catholiques d'Allemagne, l'influence du clergé est si considérable que les utopies socialistes n'y font que peu de dupes. En peut-on dire autant de notre France catholique? On y compterait sans peine les moines ou les curés qui exercent une influence réelle sur les ouvriers; je dis plus: on y compterait ceux qui se tiennent au courant des questions sociales.

Nos prêtres, quand par hasard ils se montrent dans une réunion politique, dans une assemblée publique de conseil municipal, dans l'auditoire d'un tribunal, y deviennent aussitôt la cause d'une stupéfaction profonde. Un curé, tiens, que vient-il faire là? On ne songe pas une seule fois que, s'il est prêtre, il est aussi citoyen, et citoyen plus éclairé, plus patriote, moins indifférent que beaucoup d'autres. Nous l'avons laissé exclure du jury, des conseils municipaux, des syndicats, des inspections scolaires et jusques des administrations charitables où il semble qu'il devrait être inamovible et le premier de tous.

Quelle différence avec l'Allemagne! Le Reichstag compte parmi ses membres cinquante prêtres catholiques, dans un empire en majorité protestant, alors que notre Chambre des députés et notre Sénat, ensemble, n'en comptent qu'un seul, Mgr Freppel, dans un pays entièrement catholique. Recueillez-vous pour méditer le contraste de ces deux chiffres : un et cinquante. Votre méditation pourra même se compliquer d'un problème à résoudre; c'est en Alsace qu'il se pose.

L'Alsace, terre française, envoyait à Paris, des députés radicaux. L'Alsace, terre allemande, envoie à Berlin, comme députés, les catholiques les plus notoires, parmi lesquels huit curés. Française elle élisait, elle élirait encore aujourd'hui des Schœlcher ; elle élit des Winterer. Et les électeurs sont les mêmes, ou du moins, sous l'Empire de Napoléon III et sous celui de Guillaume Ier, ils furent sensiblement les mêmes. Je renonce, pour ma part, à expliquer ce mystère ; il est toutefois permis d'entrevoir qu'il n'est point défavorable à ma thèse, et que la persécution ouverte du Kulturkampf n'a pas peu contribué à réveiller des masses de braves gens alsaciens qui, avec la persécution hypocrite et savante de nos Ferry et de nos Constans, sommeilleraient encore.

Mais aussi quel hardi citoyen que le curé allemand ! Et comme il comprend bien cette maxime que Léon XIII formulait dans une lettre à l'évêque de Châlons, en 1885 : « Quand les peuples se retirent des pasteurs, il faut que les pasteurs courent après les peuples ! »

Sans doute, à l'église, il est prêtre et seulement prêtre; loin de lui de transformer la chaire en tribune politique ; mais, sorti de l'église, il revendique hardiment tous ses droits d'électeur et d'éligible. Partout où le mal paraît, sous quelque forme que ce soit, il s'y porte, bravant à l'origine tous les quolibets, toutes les railleries, faisant naître les sympathies par la bravoure tenace de son raisonnement, habituant le peuple à chercher sa soutane dans les assemblées politiques et municipales, où il va tenir tête aux champions les plus célèbres du socialisme impie. Il y a eu aux élections dernières des engagements fameux où l'on vit de simples petits vicaires, tels que l'abbé Schuler à Sœckingen, attaquer et vaincre contre toute espérance, aux applaudissements même de ses ennemis[1].

Ce que l'on ignore peut-être encore plus en France, c'est l'ardeur apportée par le clergé allemand à la diffusion de la bonne presse. Il a compris, dès le principe, l'immense puissance de ce nouvel engin de prédication, qui porte moins vivement mais plus loin et plus longtemps que la parole, et il a tout fait pour le posséder.

Chaque jour, des centaines de prêtres, sans se cacher plus qu'ils ne se cachent pour monter en chaire, défendent dans le journal la cause sacrée de l'Eglise, et combattent à la fois les principes révolutionnaires et le modérantisme conservateur des journaux mondains.

Les catholiques possèdent en Allemagne le chiffre fabuleux de 450 journaux militants, con-

---

[1] Journal *La Croix*, 9 juin 1891.

çus dans un esprit nettement religieux ; rien qu'à Essen, où se trouvent les fameuses usines Krupp, il y a quatre journaux catholiques qui ont 80,000 abonnés ; chez nous, un centre industriel comme Essen serait un foyer de révolution.

Il est vrai que les Allemands ne sont pas arrivés à ce résultat sans difficultés. On s'imagine quels cris poussa le journal impie, informé que les curés refusaient carrément l'absolution à ses abonnés. L'autorité civile vint à la rescousse ; mais les curés tinrent bon ; ils considéraient comme le premier de leurs devoirs de pasteurs de ne pas laisser empoisonner leurs troupeaux. Les amendes s'ajoutèrent alors aux mois de prison, et les mois de prison aux amendes ; l'addition des uns et des autres atteignit des totaux fantastiques ; mais la victoire demeura, comme toujours, à ceux qui ne craignent ni la prison ni l'amende.

Nos curés français, eux, s'écartent du journalisme, se désintéressent des polémiques et presque des questions purement civiles, et de moins en moins se mêlent aux populations. Ils se visitent entre eux.

— « Toi, grogne en les apercevant l'instituteur haineux, frais échappé de son école normale où son cœur n'a pas reçu la moindre culture qui puisse tempérer l'orgueil de son intelligence boursoufflée, toi l'enjuponné, si tu bouges, je me charge de t'accommoder à la sauce rouge dans le journal radical ! — Et je te ferai déplacer, je te ferai supprimer ton traitement, ajoutent le conseiller général, le député républicain, et jusqu'au simple cabaretier généralement grand électeur de la commune, correspondant du préfet et, dans beaucoup de pays, chef d'une administration occulte organisée par la Préfecture, à côté de l'organisation légale conservatrice.— Monsieur le Curé, insinue un maire qui ne passe nullement pour hostile, Monsieur le Curé, restez dans votre église, et, pour en sortir, attendez qu'on vous appelle. — Monsieur le Curé, appuie l'évêque, je vous en supplie, ne nous faites pas d'affaires, nous en avons déjà assez sur les bras ! — A quoi la prudence personnelle ajoute tout bas : « Pas trop de zèle, mon ami, si tu veux conserver tes droits à sortir de ce trou ; une affaire quelconque, toutes les bonnes raisons fussent-elles de ton côté, te ferait marquer d'un signet rouge, à la préfecture, pour n'être jamais agréé pour une cure de canton. Et pourquoi renoncerais-tu à parvenir un jour aussi bien qu'un tel et un tel ; ne les vaux-tu pas ? »

Voilà comment le clergé inférieur, lui aussi, est prisonnier du Concordat. Le pasteur cesse de diriger le troupeau; c'est à peine si pasteur et troupeau se connaissent l'un l'autre.

Oh! qu'il est à plaindre le jeune prêtre, au lendemain des rêves généreux du grand séminaire, lorsqu'il s'aperçoit que le travail de l'apostolat se dérobe devant lui! Que faire des ardeurs de sa jeunesse et des trésors de charité de son cœur dans une petite paroisse où l'administration matérielle des sacrements, qui lui est seule permise, ne suffit à l'occuper que pour les jours de fêtes? Comment se résigner à voir les enfants lui échapper au bout de trois années de catéchisme et d'une formation chrétienne à peine ébauchée? Car la formation chrétienne est bien insuffisante quand ni l'école ni la famille n'y collaborent; elle n'est point l'œuvre d'une heure par jour ni de cinq jours par semaine, elle est l'œuvre de toutes les heures et de toutes les semaines, sous peine d'être balayée par le premier souffle contraire.

Alors les ardeurs du jeune prêtre retombent sur son cœur et l'accablent; l'amertume, la désolation envahissent son foyer solitaire, puis la lassitude, puis, à moins qu'il n'ait les vertus d'un saint, le découragement, la langueur, la routine. La charrue, si longuement et si habilement forgée, se résignera à se rouiller sous le hangar; le navire verra ses voiles s'user et se déchirer de vétusté sur le rivage, sans avoir pu affronter les orages de la haute mer. Le jeune prêtre trouvera-t-il du moins un dérivatif? Heureux s'il peut reporter sur son jardin ou sur un établi qui lui rappellera celui de Nazareth, l'exubérance de sa vigueur durant tant de journées vides; plus heureux s'il a la passion des livres; mais était-ce donc pour cultiver des légumes, ou pour tourner du bois, ou même pour devenir un savant, qu'il avait renoncé aux joies du monde? Nous comprenons pourquoi l'Eglise a mis sur ses autels le Bienheureux Père Chanel, que l'obscurité de sa carrière et la rapidité de son sacrifice ne semblaient point désigner pour de tels honneurs. Chanel les a en quelque sorte ravis, ces honneurs d'apothéose; son martyre fut consommé en un quart d'heure. Oui, mais dans l'isolement de son île sauvage, Chanel s'épuisa en tentatives stériles d'apostolat; Chanel sema dans le sable et ne se lassa point; Chanel est vraiment le type et le patron du curé de campagne contemporain. Encore le labeur ingrat de Chanel ne dura-t-il pour lui que deux ou trois ans, et n'avait-il auprès de lui ni instituteur laïque pour effacer les sillons à mesure qu'il les traçait, ni maire pour le guetter quand il sortait de sa case, ni évêque pour lui crier : « Ne nous faites pas d'affaires! »

CHAPITRE VI

Raisons pour et contre le Concordat; opinion des étrangers.

Il est étrange que le Concordat, ainsi pratiqué, trouve encore des partisans ; qu'il en trouve, s'entend du côté du clergé ; car du côté des francs-maçons, la chose est toute naturelle, et c'est sans aucune surprise que l'on a entendu le chef de l'opportunisme, Jules Ferry, dire cyniquement, dans une réunion publique à Lyon :

« Maintenons le Concordat, maintenons-le tant que l'ennemi conservera un reste de force ; sans le Concordat, jamais nous ne serions parvenus à doubler ces deux terribles caps des tempêtes : l'expulsion des religieux et la laïcisation scolaire. »

Parmi les membres du clergé, les uns tiennent au Concordat par amour de la thèse et parce que c'est un concordat :

« Les concordats, disent-ils, sont l'idéal ; de

même que l'âme et le corps sont unis, quoique distincts, de même les deux puissances, ecclésiastique et civile, doivent marcher d'accord, quoique chacune ait son domaine. »

Ce raisonnement est parfaitement exact en soi ; il fut excellent au Moyen-Age ; il ne l'est plus aujourd'hui, car nous en sommes loin de l'idéal !

Les concordats ont du bon. Mais je répète que leur nature est de lier deux puissances amies, et non deux puissances dont l'une veut détruire l'autre ; qu'ils doivent être pratiqués loyalement, dans l'esprit où ils furent signés, et bi-latéralement, de sorte que si l'un des deux contractants se délie de ses obligations (ainsi fit l'Etat le jour de la première suppression de traitement de curé) l'autre contractant a le droit de crier : « Halte-là ! Vous vous déliez ? Moi aussi ; je vous prierai seulement de noter que c'est vous qui avez commencé, et non moi. Vous ne payez plus mes curés ? Désormais je les instituerai sans vous ; et de même les évêques ! »

*
* *

La plupart des évêques, c'est trop naturel, ne sauraient envisager sans terreur la ruine de leurs séminaires, de leurs congrégations, de leurs œuvres diocésaines de toute nature, qui suivrait immédiatement la transformation du Kulturkampf français, latent, souterrain, à la Julien-l'Apostat, et *ne s'attaquant qu'aux âmes*, en un Kulturkampf à la Bismarck, ouvert, déclaré, en plein soleil.

J'oserai leur demander si c'est donc chose si nouvelle, dans l'histoire de l'Eglise, que les ruines de ce genre. Les premiers Papes et les premiers Evêques ont-ils reculé devant la destruction périodique de tout ce qu'ils fondaient avec tant de peine? Tous les huit ou dix ans, c'était à recommencer. Ils ne se dérobaient point pour sauver leurs œuvres; ils les défendaient de leur mieux; ils tombaient avec elles; puis, après eux, leurs successeurs creusaient à nouveau les fondations et se remettaient paisiblement à bâtir... pour de nouveaux écroulements. L'Eglise a-t-elle donc perdu son nom de militante? Avons-nous appris que l'enfer ait désarmé contre elle?

Ce qui m'étonne quand on parle de ces choses, c'est l'étonnement de gens qui, pourtant, ont lu mille fois dans leur bréviaire :

« Heureux ceux qui souffrent persécution pour « la justice, parce que le royaume du ciel leur « appartient! Heureux serez-vous lorsqu'ils vous « persécuteront, vous chasseront de ville en ville, « et diront toute sorte de mal contre vous, par

» mensonge, à cause de moi !....... Si le monde « vous hait, sachez qu'il m'a haï avant vous... « Souvenez-vous de ce que je vous ai dit : Le « serviteur n'est pas plus grand que le maître ; « ils m'ont persécuté, ils vous persécuteront... « Mais ayez confiance, j'ai vaincu le monde ! »

Est-il bien certain, du reste, que, dans notre France encore si catholique, la persécution allât jusqu'au bout ? La Franc-Maçonnerie tient à garder son masque et son apparent sang-froid ; jusqu'ici elle a reculé toutes les fois qu'on lui a tenu tête. Depuis qu'ils ont tué à Chateauvillain, les laïcisateurs n'ont plus fait d'expulsions à main armée ; depuis que les religieuses de Saint-Charles les ont forcés à vendre un mobilier scolaire, sur la place publique de Marboz, ils se sont arrêtés net dans leurs expéditions fiscales pour le prétendu droit d'accroissement.

Un ennemi ne respecte que ceux qui résistent ; même s'il les a battus, il les ménage et leur fait des concessions ; les autres, il les détruit et les disperse.

Puis, lorsqu'on voit que les œuvres, pour n'être que mollement défendues, n'en sont pas moins menacées de crouler ; que même leur chute sera plus irréparable parce que l'édifice, au lieu de tomber tout d'une pièce sous les coups du bélier, se sera affaissé tout doucement par suite de l'enlèvement pierre à pierre des fondations : est-il possible d'attendre encore ?

« Lentement, mais sûrement ; de la légalité, des formes, mais pas de brutalités, pas de bruit, pas de martyres ! » Telle est la devise de la persécution actuelle.

Commettrons-nous la faute de lui faciliter le maintien de cette devise ?

Pour parler plus exactement, cette faute commise depuis le début, allons-nous la continuer, maintenant que ses conséquences nous crèvent les yeux ? Je réclame indulgence, mais je ne puis m'empêcher de transcrire ici quelques vers échappés à ma profonde amertume :

A L'ASSAUT DU BERCAIL

A l'assaut du bercail ce ne sont plus les Loups,
Mais les Renards qui dirigent les coups :
Et des douleurs qu'offre l'heure présente,
Brebis mes sœurs, voici la plus cuisante :
Quand le troupeau se sera dispersé,
Lentement, sûrement, par d'habiles morsures :
Pas un berger, pas un, dans l'enclos renversé,
Ne pourra se lever et montrer ses blessures !

* * *

Autre préoccupation. Les défections qui pourraient se produire dans le clergé : la pauvreté, la prison, les séductions de l'ennemi seraient des tentations trop fortes pour quelques uns ; ils succomberaient.

C'est possible ; mais depuis quand la crainte de voir quelques soldats s'enfuir a-t-elle le privilège de paralyser un général et de l'empêcher de livrer bataille ?

Les lâches, les indisciplinés, qui sont des non-valeur en temps de guerre comme en temps de paix, affaibliraient-ils l'armée par leur désertion ? Ce serait plutôt le contraire : une armée vaut par la qualité plus que par la quantité.

Ne nous exagérons pas le péril des désertions sacerdotales. Jamais peut-être il ne fut moindre. Le clergé a été épuré déjà. Il comptait quelques membres suspects. Le citoyen Carteret l'en a débarrassé. Ils sont presque tous passés à Genève ou dans le Jura bernois ; si bien qu'on a vu se réaliser une fois de plus cette observation chagrine d'un honnête évêque anglican :

« Lorsque le Pape nettoie son jardin, il devrait bien s'abstenir de lancer dans le nôtre ses cailloux et ses ronces ! »

Ce bon évêque ne se trompait que sur un détail : c'est que ronces et cailloux sautent tout seuls par dessus le mur ; il n'y a pas besoin qu'on les y lance.

***

Nombreux enfin, trop nombreux sont les membres du clergé qui restent partisans du Concordat, même unilatéral et faussé, uniquement à cause du budget des cultes et de cette indemnité précaire qui leur assure du pain (pas toujours, nous l'avons vu).

Ce pain, le leur reproche-t-on assez chaque fois qu'on le leur jette! Soixante-quinze francs par mois, cinquante sous par jour, songez donc, quelle somme! crie le journaliste stipendié, qui ne se contenterait pas de si peu pour ses cigares et son café, au naïf lecteur campagnard qui ouvre de grands yeux et juge son curé millionnaire. Et le curé est un salarié comme un autre; au moindre mouvement qu'il se permet au bout de la corde où on l'attache, comme la chèvre, pour brouter et ne gêner personne, haro sur l'ingrat, sur le traître! Il est en révolte contre ceux qui le paient, il mord la main qui le nourrit. — Vous connaissez l'antienne; on n'entend que cela dans les cabarets, dans les mairies, dans les préfectures et sous-préfectures.

Je vais employer un mot bien dur pour ceux de nos curés qui mangent de bon appétit ce pain humiliant : humainement parlant, ils n'ont pas de cœur; chrétiennement, ils n'ont pas la foi.

Ils n'ont pas pris au sérieux les promesses du Christ ; ils ont peur de la pauvreté et ils lui préfèrent la servitude.

D'abord, disent-ils, cette indemnité nous est due ; elle est la compensation, bien insuffisante, des biens d'Eglise confisqués par la Révolution.

— Eh ! ce droit, qui est-ce qui songe à le nier ? Personne, pas même les révolutionnaires. Mais il s'agit bien de droit et de justice avec toi, clergé de France ! Il s'agit de te réduire à garder pour toi ton évangile. Si tu ne consens pas à te taire, on t'affame. Il faut choisir et l'on compte se faire suivre de toi partout, jusqu'à épuisement complet de tes forces, par l'appât de la pâtée.

Ah ! vieux lion muselé ! es-tu donc si décrépit que tu ne puisses plus vivre que de la pâtée ?

— Si oui, eh bien meurs, le plus tôt sera le mieux, et ne fût-ce que par respect pour le souvenir de ce que tu fus, nous prierons le ciel d'abréger ta lamentable agonie.

Mais si tu as encore du sang dans les veines et du ressort dans les jarrets, relève-toi sous le fouet, romps ta chaîne, exige qu'elle soit changée en un simple ruban d'amitié, comme le lien honorable que tu avais accepté jadis d'une main amie, ta protégée autant que ta protectrice.

Et à supposer que l'on te réponde : « Non, la

chaîne ou la mort », alors prends ton élan et bondis dans la liberté, fût-ce dans la liberté du désert! Tu ne connais pas ta force, ô vieux lion : le désert te nourrirait comme il t'a nourri dans ta jeunesse ; de cette jeunesse, il te rendrait toute la vigueur.

Car, sache-le, ô lion de Juda, lion symbolique, immortel comme la lutte pour laquelle tu fus créé, tu ne finiras que si tu le veux bien ; mais tant que tu combats, tu restes plus qu'immortel, tu restes invincible : le Maître a promis d'être avec toi pour te couvrir ou pour guérir tes blessures, et dix-neuf siècles d'histoire écoulée prouvent que ce maître est LE MAITRE.

Mais j'ai tort de m'échauffer ainsi. Reprenons notre calme et raisonnons.

Croit-on que les curés des villes, qui trouvent 10, 20, 30 mille francs chaque année pour leurs œuvres, vont rester à court faute des douze cents francs de l'Etat?

L'embarras sera pour les campagnes. Mais est-ce qu'on meurt de faim dans notre pays de France, quand on a du courage, de l'instruction et des bras?

— Alors, va-t-on me dire, vous acceptez donc pour le clergé la nécessité du travail manuel ?

Et pourquoi pas? répondrai-je. Pourquoi le clergé ne gagnerait-il pas son pain virilement, à la sueur de son front, et son indépendance avec son pain, là où manqueront les ressources?

Il imitera son divin Maître et la sainte famille, et saint Paul gagnant sa vie, dans ses intervalles de repos, à confectionner des corbeilles ; il imitera les Pères de la Thébaïde, et les Bénédictins, et les Trappistes, et les Chartreux, pour mieux dire les trois quarts des ordres religieux, même contemporains. L'Eglise mépriserait-elle le travail des mains? Elle ne méprise que l'oisiveté. Voit-on que les curés irlandais aient perdu de leur considération lorsque, privés de tout et réduits à vivre en proscrits, un jour chez l'un, un jour chez l'autre, ils empoignaient en arrivant la charrue ou le rabot afin d'alléger la charge que leur présence apportait à des paroissiens aussi pauvres qu'eux-mêmes? Nos jeunes curés français retrouveraient ainsi, pour la plupart, le métier paternel, que leurs frères, beaux-frères et camarades d'enfance n'ont pas cessé d'exercer au village natal. Eh bien, où serait le mal, je vous le demande? Où serait la honte?

Quant à ces patients pleins de sens pratique, qui ne sauraient vivre que de la pâtée, ni se tenir sur leurs jambes que la chaîne au cou, levons pour eux un coin du rideau de l'avenir.

Transportons-nous à vingt ou trente ans d'ici, à

l'an 1920, par exemple, époque où — si les lois scolaires et autres suivent leur cours — les églises seront à peu près complètement vidées.

On te le supprimera tout de même, ton budget, ô clergé de France ! Il cessera par la force des choses, ni le ministère sacerdotal, ni le traitement qui l'entretient, n'ayant plus d'objet.

Et le combat cessa faute de combattants.

*
* *

Reste la question d'autorité, que j'ai effleurée déjà dans ma préface. On m'objectera que je suis isolé, que mes idées téméraires sont mal vues en haut lieu. C'est vrai, mais pas partout. Elles ont pour elles encore beaucoup d'évêques « *les jeunes*, qui généralement sont les plus vieux », comme disait un d'entre eux, l'évêque de Grenoble.

Elles gagnent chaque jour du terrain dans le clergé séculier ; elles n'ont plus à en gagner dans le clergé régulier : ne connaissant, surtout depuis la loi militaire, que les entraves du Concordat sans aucune de ses indemnités, les religieux soupirent unanimement après le droit commun pur et simple.

L'unanimité est encore plus grande hors de France. Le grand cardinal Newmann s'étonnait un jour, dans un discours public, de la longanimité du clergé français. Le non moins illustre cardinal Manning ajoutait en guise de commentaire, mais dans une conversation privée : « Qu'il le veuille ou non, quiconque vit d'un traitement de l'Etat est un fonctionnaire ; si, de plus, il a été choisi par l'Etat, si son avancement dépend de l'Etat, son indépendance, fût-elle absolue, sera toujours suspectée. »

L'Irlande catholique, malgré sa détresse, a résisté à plusieurs tentatives de l'Angleterre pour payer le clergé catholique. En 1818, Mgr Quarantoti, envoyé par le Pape, avait accepté les bases d'un Concordat irlandais qui eut été l'inverse de celui de France. Le clergé et le Pape devaient continuer à nommer les évêques et curés irlandais, mais le pouvoir civil recevait le droit de *veto*. Moyennant quoi l'Angleterre, qui laisse de grasses prébendes à son clergé anglican si parfaitement domestiqué, offrait d'assurer des appointements analogues au clergé catholique.

Mgr Quarantoti communiqua ces propositions au grand agitateur O'Connell, et celui-ci convoqua un meeting monstre pour consulter le peuple. « Pas de prêtres salariés, surtout par l'ennemi ! Pas de prêtres payés par d'autres que nous ! Depuis quand les enfants ne doivent-ils plus nourrir leur père ? » Tel est le résumé de l'opinion unanime qui fut exprimée par divers orateurs, aux applaudissements de cinquante mille Irlandais. O'Connell prit alors la lettre de Mgr Quarantoti et, d'un geste superbe, la déchira et en livra les débris au vent.

Dans cette pauvre Irlande qui meurt de faim, le prêtre, grâce aux contributions volontaires, est plus riche que dans notre France opulente ; il n'est pas un curé irlandais qui ne reçoive au moins deux ou trois fois la valeur des 900 francs de nos desservants. Que si l'on porte le parallèle sur un autre terrain, celui de la considération et de l'influence du clergé, ce n'est pas par les nombres 2 ou 3, mais par 10 ou 30 qu'il faudra multiplier les chiffres de la comparaison. Dans les plus grandes villes comme dans les moindres villages, l'Irlandais s'arrête au passage du prêtre, pour recevoir sa bénédiction ; il est inouï que la parole du prêtre soit mise en doute, que l'avis donné par le prêtre ne soit pas accueilli comme venant du ciel. Quand deux Irlandais se battent, ce qui n'est malheureusement point rare, il suffit qu'un prêtre apparaisse au tournant de la rue pour qu'aussitôt cris et coups s'arrêtent comme d'eux-mêmes. Il est vrai que, nourri par son peuple, il nourrit son peuple à son tour ; il reçoit d'une main et donne de l'autre. Admirable échange de bons offices ; double et incessant courant de respectueuse tendresse qui a soutenu, réchauffé et sauvé durant quatre siècles l'île martyre, mais au fond moins malheureuse que beaucoup de nations sceptiques et au cœur desséché.

Nous avons entendu en France même, il y a deux ans, un des prélats les plus influents des Etats-Unis, Mgr Ireland, archevêque de Minnesota, d'origine irlandaise, mais élevé au petit séminaire de Meximieux (Ain), et revenu pour rendre visite à ses anciens maîtres et à ses amis. Il disait et redisait avec tristesse à qui voulait l'entendre : « Quand le clergé français voudra recouvrer à la fois sa dignité, sa popularité, sa force apostolique, ce sera un dur moment à passer peut-être, mais ce sera moins long qu'on ne se l'imagine ! »

*
* *

Mais la logique des événements est plus forte que la prudence des hommes. Bon gré, mal gré, nous marchons à la séparation, à un état de guerre semblable à celui qui, à travers mille tribulations, a conduit d'abord à la pauvreté, puis à la liberté, puis à un rajeunissement, les catholiques de Prusse, d'Irlande, de Hollande et d'autres pays.

Les catholiques ne seront pas seuls à s'en réjouir, une fois l'épreuve traversée. Ecoutez un observateur impartial et puissant, qui voit les choses non en catholique, mais en philosophe et en bon Français :

Au vieux Concordat qui n'était pas bon, l'Etat vient de substituer un Concordat pire. Cette nouvelle alliance qu'il a conclue en 1802 avec l'Eglise n'est pas un mariage religieux, le sacrement solennel par lequel, autrefois à Reims, elle et lui se promettaient de vivre ensemble et d'accord dans la même foi, mais un simple contrat civil, plus exactement le règlement légal d'un divorce définitif et motivé. Dans un accès de despotisme, l'Etat a dépouillé l'Eglise de ses biens et l'a poussée hors du logis, sans habit ni pain, pour mendier sur les grandes routes ; ensuite, dans un accès de folie furieuse, il a voulu la tuer, il l'a même étranglée à demi. Revenu à la raison, mais ayant cessé d'être catholique, il lui a fait souscrire un pacte auquel elle répugne et qui a réduit leur union morale à une cohabitation physique. Bon gré, mal gré, les deux contractants continueront à loger dans la même maison, puisqu'ils n'en ont qu'une ; mais comme leurs humeurs sont incompatibles, ils feront sagement de vivre chacun à part. A cet effet, l'Etat assigne à l'Eglise un petit appartement distinct et lui sert une maigre pension alimentaire ; après quoi il s'imagine qu'envers elle il est quitte ; bien pis, il se figure qu'elle est toujours sa sujette, il prétend à la même autorité sur elle ; il veut conserver tous les droits que lui conférait l'ancien mariage ; il les exerce et il y ajoute. Cependant il admet dans le même logis trois autres Eglises qu'il soumet au même régime : cela lui fait quatre commensales qu'il héberge, qu'il surveille, qu'il contient et qu'il utilise, de son mieux, au profit temporel de la maison. Rien de plus odieux à l'Eglise catholique que cette polygamie affichée et pratiquée, cette subvention accordée indifféremment à tous les cultes, ce patronage commun plus insultant que l'abandon, cette égalité de traitement qui met sur le même pied la chaire de vérité et les chaires de mensonges, le ministère de salut et les ministères de perdition. Rien de plus efficace pour aliéner le clergé catholique, pour lui faire considérer le pouvoir civil comme un étranger, comme un usurpateur ou même comme un ennemi, pour détacher l'Eglise gallicane de son centre français, pour la refouler vers son centre romain, pour la donner au Pape.....

H. Taine, *Revue des Deux-Mondes*, 15 mai 1891.

Seulement, comme une notable partie de la France — il y a treize ans j'aurais dit la grande majorité, je me contente de dire aujourd'hui une notable partie — tient à sa religion du fond de ses entrailles, on assistera à de profonds déchirements; les soldats de Bazaine, moins nombreux mais mieux conduits, n'accepteront pas une capitulation en bloc; ils donneront leur vie plutôt que d'abandonner le drapeau et il y aura du sang versé.

Oui, du sang innocent, de celui qui rachète et purifie, comme me disait naguère un saint évêque qui m'honore de sa vieille amitié.

Mais cette perspective n'est pas pour effrayer des catholiqnes et des Français.

Quoi, lorsque vous voyez périr votre patrie,
Pour quelque chose, Esther, vous comptez votre vie!

En terminant un sermon fameux qui fut un acte, le R. P. d'Audiffret, jésuite, s'exprimait ainsi, le 22 mars 1891 :

J'ai soulagé ma conscience en vous parlant avec une courageuse liberté; dussé-je encourir six mois de prison, je tiendrai jusqu'à la fin le même langage, et je porterais mes chaînes avec plus de fierté que vous ne portez, Mesdames, vos bracelets d'or... C'est notre timidité qui a causé la méconnaissance de nos droits, et j'ose affirmer qu'on les reconnaîtrait le jour où trois évêques, une demi-douzaine d'archiprêtres et une douzaine de jésuites et de vicaires se feraient mettre en prison pour avoir affirmé la vérité.

Si la présente brochure tombe sous les yeux du vaillant jésuite, il sera bien étonné de se voir contredit par un homme en si pleine communauté de sentiments avec lui. L'emprisonnement de trois évêques et d'une douzaine et demie de curés et de religieux aurait pu suffire il y a dix ou douze ans. Aujourd'hui il faudra plus.

Mgr Perraud, évêque d'Autun, me paraît avoir approché davantage de la vérité lorsqu'il disait ces paroles que je n'ai point entendues mais que M. l'abbé Gignoux, vicaire général de Genève et témoin auriculaire, m'a répétées itérativement :

« Nous ne commencerons à nous tirer d'affaire que lorsque trois d'entre nous, trois évêques français auront été mis à mort, non pas alignés au mur par une insurrection populaire qui ne sait pas ce qu'elle fait, mais exécutés régulièrement, après sentence de justice ! »

*
* *

Encore quelques lignes d'un philosophe chrétien, que j'ai déjà cité ; elles montreront que les répugnances anti-concordataires ne sont point de mon invention. Ne pas oublier que l'ouvrage parut en 1865 :

... L'Eglise est douée d'une telle vitalité qu'elle absorbe ou élimine les éléments étrangers introduits dans son sein plutôt que de s'en laisser absorber. En outre, Dieu a veillé sur elle. Ce phénomène mérite d'être étudié. On sait quelle divergence de vues et d'intérêts n'a cessé d'exister entre la puissance civile et la puissance ecclésiastique. Eh bien ! la seconde est demeurée, pendant quatre siècles, à la discrétion de la première par la nomination de ses chefs, et néanmoins elle est restée elle-même. Cela n'est pas naturel. (*Les Moines et leur influence sociale*, par M. l'abbé F. Martin, chanoine honoraire de Belley, ancien curé de Ferney, etc., p. 454.)

... En droit, les gouvernements, ayant cessé d'être catholiques, ont perdu leur prérogative (le privilège de choisir les évêques) ; en fait, il y aura, pour les déposséder, quelque intervention divine. L'Eglise ne prendra pas l'initiative de la rupture. Quelles que soient les raisons qui la délient de ses engagements, elle a trop le respect du droit pour ne pas écarter de sa conduite jusqu'à l'ombre d'infidélité à la parole jurée. C'est par les évènements que seront déchirés les contrats, par le bouleversement social qui s'avance. On voudra réduire l'Eglise à l'impuissance en prononçant son divorce complet d'avec l'Etat ; on croira lui donner par là le coup de mort, et il se trouvera, comme il arrive souvent dans les choses dont Dieu se mêle directement, que ce même coup destiné à l'achever brisera ses chaînes et lui rendra sa liberté. (*Les Moines*, pages 454 et 456.)

CHAPITRE VII

Conclusion

La conclusion est qu'il faut arracher à la persécution son masque de modérantisme. Assez longtemps nous nous sommes défendus précisément comme elle désirait que nous nous défendissions, si bien qu'on dirait que la défense est aux ordres de l'attaque. Assez longtemps nous avons fait le jeu de la Franc-Maçonnerie par nos hésitations, notre manque d'entente et notre résignation en fait, après chacune de nos protestations en paroles. Des discours, des articles de journaux, des pétitions même, à quoi bon s'il n'y a pas au bout un *non possumus !* Un proverbe populaire dit que les paroles sont des femelles et les actes des mâles.

Mais ce *non possumus*, qui le prononcera, si non nos chefs naturels et obligatoires, les évêque, le Pape ? Dans l'espèce, nous ne pouvons rien sans eux : nous aggraverions le mal.

Que dis-je ? Sans eux nous ne voulons rien, et ce n'est pas seulement la nécessité et le devoir qui nous lient à cette haute et sage direction ; c'est le respect filial, c'est l'amour, une confiance inébranlable. Dans ces pages, entre autres, il faudrait que nous eussions eu l'expression bien malheureuse, si l'on y avait vu la moindre prétention de dénigrer nos chefs ou de leur forcer la main. Certains qu'ils n'ont d'autre désir que le plus grand bien des âmes, nous avons voulu simplement, humblement, leur apporter notre part d'informations et d'idées, au risque d'être mal compris et de déplaire. Un fils doit savoir au besoin s'exposer à quelques désagréments pour faire connaître à son père la vérité, ou ce qu'il croit être la vérité.

La forme dialoguée étant la plus alerte et la plus souple dans les questions complexes, où il y a du pour et du contre, je terminerai par une conversation entre un évêque et un laïque. Cette conversation n'est pas simplement imaginaire :

Le Laïque. — Votre Grandeur ne se rend pas compte de l'accélération de la chute morale de nos populations depuis quinze ans. Les réceptions qui vous sont faites dans vos tournées pastorales, la présence d'autorités qui souvent ne viennent à l'église que ces jours-là, les rapports de vos curés qui ont intérêt à ne pas assombrir les couleurs, tout vous porte à croire que les choses sont à peu près ce qu'elles étaient. C'est une erreur. Partout, partout la jeunesse s'éloigne, le jeune instituteur, entre autres, est un voltairien acharné et un corrupteur puissant ; dans vingt-cinq ans on ne verra plus aux offices que des vieillards...

Monseigneur. — J'ai été frappé en effet du petit nombre des hommes, aujourd'hui, aux cérémonies de..... pourtant si belles. Il n'y avait presque que des femmes.

Le Laïque. — Hélas ! et il n'y en aura pas toujours ; laissez faire les lycées de filles et toutes ces écoles laïcisées qui affectent encore des habitudes pieuses uniquement afin de ménager les transitions et de ne point effaroucher les familles, tandis qu'elles sont encore effarouchables. Laissez se compléter, dans notre pays de centralisation, le recrutement des fonctionnaires avec exclusion des catholiques ! Le système est terriblement bien conçu et il se développe sans obstacles.

Monseigneur. — Comment, sans obstacles ! Mais nous avons protesté bien des fois et, pratiquement, nous faisons l'impossible pour créer des écoles chrétiennes.

Le Laïque. —Vos efforts pour créer des écoles chrétiennes ont été malheureusement l'acceptation et comme la consécration de la laïcisation universelle; nos populations, disposées au début à y résister avec vous, s'y habituent maintenant. Quant à vos protestations, on s'en moque, on ne leur fait pas même l'honneur de les relever, et l'on ne poursuit devant les tribunaux, ou l'on ne prive de leurs traitements que vos desservants trop hardis. Vous avez évidemment remarqué le soin qu'on a de ne jamais s'attaquer aux Evêques, ni au Pape. Oh ! l'on a du sang-froid et de la patience, il ne faut pas se le dissimuler : ne sera pas martyr qui voudra !... On se flatte de vaincre sans avoir versé une goutte de sang, de terminer la guerre sans que ni le Pape, ni les Evêques soient descendus dans la lice. Et pourtant, on a — ou on avait — une peur bien vive que le Concordat ne soit dénoncé ; car, pour arriver au but, on a besoin du Concordat. Il sera déchiré un jour, on nous méprise assez pour nous le faire savoir ; mais il ne le sera qu'après l'achèvement de la déchristianisation nationale.

(Ici un tableau bien délicat et bien difficile à faire, mais qui fut tracé avec une respectueuse fermeté d'une part, et écouté de l'autre avec une muette tristesse ; tableau de l'abaissement progressif du niveau des caractères dans l'épiscopat français, et des alarmes des fidèles quand ils lisent certaines lettres datées de La Rochelle, Bayonne, etc., lettres d'une platitude qu'on aime à supposer inconsciente, ou quand ils voient les nonces du Pape en coquetterie réglée, sous prétexte de diplomatie, avec les pires ennemis de la religion.)

Monseigneur. — Il n'est que trop vrai : les évêques ne sont point d'accord ; j'en ai fait l'expérience moi-même en cherchant à m'entendre avec mes collègues pour la conduite à suivre lors de la loi militaire et de la loi fiscale dite du droit d'accroissement... Ma conclusion a été qu'il n'y a rien à faire, du moins collectivement; je l'ai entendu dire depuis longtemps au cardinal Richard.

Le Laïque. — Mais le Pape ne pourrait-il intervenir pour créer cette unité de vues et d'action ?

Monseigneur. — Je ne me permets pas de juger Sa Sainteté : croyez qu'Elle serait intervenue déjà, si Elle l'avait jugé opportun.

Le Laïque. — Vous nous permettrez au moins, Monseigneur, de souhaiter que l'épiscopat de France informe sans faiblesse Sa Sainteté du triste état où nous sommes, et que tous, clergé et fidèles, nous nous mettions dès maintenant dans la disposition de sacrifier nos intérêts matériels, si l'intérêt supérieur de la religion le demande. Il ne faut pas hésiter à jeter à la mer les marchandises, pour sauver le vaisseau, et bien aveugle serait celui qui ne voudrait pas, par crainte d'avoir à sacrifier la cargaison, reconnaître l'imminence du danger.

Monseigneur. — Oui, contribuer à créer dans l'équipage la disposition à tout lancer par dessus bord est excellent ; mais il faut affirmer toujours que le capitaine est le meilleur juge et que seul il peut donner le signal. Je vous demande donc d'éviter tout ce qui pourrait contribuer à créer la panique et l'indiscipline parmi les matelots.

Le Laïque. — Et moi, Monseigneur, je vous supplie de voir les avaries et les voies d'eau qui nous font enfoncer lentement mais incessamment ; j'ose vous supplier surtout, si vous les voyez comme moi, de les signaler au commandement en chef. Que ne puis-je, matelot ignoré, les lui signaler moi-même ! Il me semble que je trouverais, dans mon attachement passionné pour lui et pour le navire, l'éloquence nécessaire pour le convaincre. Mais permettez-moi une autre comparaison plus fréquente encore dans le langage de nos livres saints.

Les loups ravagent la bergerie, étranglent les moutons, s'attachent surtout à étouffer les petits agneaux ; ils donnent par ci par là un coup de patte aux chiens qui se mêlent d'aboyer ; mais ils ne s'en prennent jamais aux bergers ; ils affectent de ne pas les voir, de ne pas les entendre ; ils passent. Mais alors n'est-ce pas aux bergers d'aller au devant des loups, d'attirer sur eux-mêmes l'attaque, de démasquer ainsi l'hypocrisie de l'ennemi et de faire cesser enfin ou de changer en lutte ouverte cette guerre à coups de légalité dans laquelle le sang ne coule nulle part, mais partout les âmes s'échappent et se perdent pour l'éternité ?

Exemple : Quand un prêtre coupable uniquement d'avoir prêché la vérité se voit traîné en police correctionnelle, ne serait-ce pas à l'évêque de venir répondre pour lui : « Moi, juge de la doctrine, je déclare qu'il a prêché ainsi par mon ordre ; laissez-le aller, le responsable c'est moi ! » Très probablement, le président du tribunal répliquerait : « Monsieur l'Evêque, je ne vous ai point interrogé, allez vous asseoir ! » Si l'Evêque insistait, il se verrait expulsé par les gendarmes. Oui, mais le sentiment public serait avec lui, l'effet serait immense bien au delà des limites du diocèse ; quand il se serait produit quatre ou cinq fois, le garde des sceaux ne s'aviserait plus de donner des leçons de théologie aux prédicateurs, et, après tout « fais ce que dois, arrive que voudra ! »

Monseigneur. — Bien, j'admets votre principe ; et je me jette, ma houlette en main, sur les loups.

Mais je suis seul ; de loin quatre-vingts autres pasteurs se contentent de me crier bravo ! et encore pas tous ! Pendant ce temps, toute la meute dévorante se rue sur moi, et les moutons, qui n'y comprennent rien, sont à peu près unanimes à trouver que je devais rester tranquille comme les autres. Enfin on me met en pièces, ou bien l'on m'expulse du bercail ; croyez-vous que les affaires du troupeau en seront plus avancées ?

Le Laïque. — Oui, je le crois : il me paraît impossible, absolument impossible en ce pays de France, qu'un berger se jetant dans la mêlée y reste seul. Les autres suivraient, bon gré mal gré, *pede claudo*, mais y viendraient à leur tour, du moins pour la plupart. Les huées du troupeau suffiraient à pousser les plus lâches ; le troupeau commence à être inquiet, douloureusement inquiet ; je n'en veux pour preuve que le frémissement d'espérance et de joie qui a couru dans ses rangs, d'un bout de la France à l'autre, quand les échos d'Aix-en-Provence lui ont apporté une parole vraiment *pastorale*, celle d'un pasteur qui, manifestement, cherche à attirer sur lui-même la fureur des loups, d'un pasteur qui veut sauver à tout prix ses brebis, ou périr avec elles et avant elles, s'il ne peut les sauver.

Monseigneur. — Mais nous sommes tous animés des mêmes désirs que l'archevêque d'Aix !

Le Laïque. — Dieu vous entende, Monseigneur ! En tous cas s'il se trouvait des bergers capables de se ranger du côté des loups — ce que je ne crois pas non plus qui soit à craindre, ou du moins pas encore — le Berger en chef les rappellerait à leur devoir et, au besoin, leur ôterait leur houlette. Ce serait alors, j'en conviens, une mêlée terrible, comme naguères en Allemagne. Amendes, prisons, bannissements, une pauvreté noire dans les presbytères de campagne, tous les religieux dehors, toutes les écoles catholiques fermées, toutes nos œuvres interrompues, et peut-être du sang à flots. Oui, mais alors le peuple comprendrait, il toucherait du doigt la persécution (que la Franc-Maçonnerie lui dissimule si adroitement) et je vous assure que ce ne serait pas long ! Aux premières élections générales qui suivraient, les fermeurs d'églises seraient balayés. Ils ont failli l'être dès 1885.....

(Ici Monseigneur gardait le silence)

Le Laïque—Est-il admissible, Monseigneur, que les évêques ne puissent pas s'entendre au nombre de vingt ou trente, mettons d'une quinzaine, mettons d'une douzaine, pour faire une déclaration commune et prononcer enfin le *Non possumus*?

Monseigneur. — Cela, c'est et ce sera toujours possible et je brûle pour ma part de trouver une occasion d'être au nombre des quinze ou des trente. Mais j'ai trop peu d'autorité par moi-même, et je ne suis personnellement chargé, après tout, que de mon diocèse. Puis, il faut saisir une occasion claire, évidente, où manifestement le droit soit avec nous.

Le Laïque. — La question des devoirs civiques de vos ouailles reste toujours ouverte. L'épiscopat n'a jamais encore enseigné ces devoirs *ex-cathedra* ; il n'a jamais signifié aux fidèles que c'est un péché grave de voter pour un candidat notoirement anti-catholique, un péché grave de recevoir un journal impie, un péché grave d'envoyer ses enfants à des instituteurs faisant profession d'incrédulité ; il n'a jamais donné l'ordre aux confesseurs de refuser l'absolution pour les péchés de cette nature, à moins que le pécheur ne prenne devant Dieu l'engagement de ne plus recommencer. Que les évêques fassent leur devoir sur ce point, hautement, publiquement, solidairement, ne fussent-ils que douze pour commencer : je vous assure que le feu prendra aux poudres à l'instant même, et que ce sera le commencement de la fin...

Il y eut un nouveau silence, que l'Evêque rompit le premier en poussant un soupir :

L'Evêque. — Vous paraissez espérer quelque chose du suffrage universel ; moi, rien. Si le suffrage était une simple consultation des vœux de la nation, il serait très légitime et pourrait être fort utile. Mais songez donc qu'on fait de lui l'arbitre suprême du juste et de l'injuste et qu'on le met au dessus de Dieu. Dans ces conditions, il devient une erreur philosophique, un mensonge. Le nombre ne crée pas le droit. Je tremble que notre pays, coupable d'avoir assis son droit public sur cette usurpation, ne soit définitivement condamné, pour l'instruction du reste du monde.

Le Laïque. — S'il en était ainsi, Monseigneur, les années présentes, dans lesquelles ce désastre se prépare ou se consomme, constitueraient une triste page dans l'histoire de l'Eglise de France.

L'Evêque. — Vous êtes caustique ; il vaudrait mieux être patient et écarter les appréciations prématurées et des craintes peut-être chimériques.

Le Laïque. — Soit, Monseigneur, ayons confiance. En France, à côté de tant de symptômes mortels, il y a encore tant d'éléments de vie ! La France n'est-elle pas la mère nourricière des missions et la source la plus abondante des vocations religieuses? Et quelle autre nation, sans abandonner aucune de ses œuvres antérieures, suffirait comme elle aux sacrifices énormes qu'exigent des milliers d'écoles libres, et trouverait encore des millions pour bâtir à Montmartre, à Fourvière, partout?

Espérons ; Dieu est bon ; quand sa justice frappe, sa miséricorde écoute. En attendant, j'en reviens toujours à la nécessité d'agir et, en deux mots, je résume la situation. Chacun de nos chefs me paraît craindre par dessus tout d'être seul à faire son devoir. Il faudrait craindre d'abord de ne pas le faire.

L'Evêque. — Hélas ! cher Monsieur, vous ne l'ignorez point, il y a des moments où connaître son devoir est plus difficile que de le faire une fois connu. J'ai déjà bien prié Dieu de m'éclairer sur le mien, et chaque jour je lui demande de susciter un homme, soit prêtre, soit laïque, un homme qui se lève et crie : « Voici la route, suivez-moi ! » Aidez-moi, vous aussi, de vos prières ; ce sera plus à propos que de paraître douter de vos chefs...

Le Laïque le promit, sollicita indulgence pour son audacieuse franchise et, comme gage de cette indulgence reçut une bénédiction toute paternelle.

POST-SCRIPTUM

Ce n'est pas sans avoir bien réfléchi, sans avoir médité pendant des années ; ce n'est pas non plus sans inquiétude, sans défiance de moi-même ; c'est bien plutôt d'une main tremblante que j'ai tracé les pages ci-dessus. Qui suis-je moi, laïque dépourvu de mission, pour élever la voix, et une voix discordante, au milieu d'Israël ?

Que l'ardeur de mon amour serve d'excuse à la vivacité de ma crainte. Si le sort de l'Eglise et celui de la France m'étaient plus indifférents, ah ! comme le silence me serait facile !

La barque de Pierre, il est vrai, défie les orages ; elle est insubmersible ; oui, mais la France ? Voilà l'objet de mes alarmes.

L'Eglise, en général, a des promesses d'immortalité ; les Eglises particulières n'en ont pas. Le soleil de la vérité ne saurait s'éteindre ; mais il se déplace.

Les Eglises d'Orient, jadis si florissantes, sont tombées peu à peu dans le schisme et la stérilité par suite de l'excessive docilité de leurs évêques à l'égard des empereurs.

L'Eglise d'Angleterre a sombré, sombré tout d'une pièce, après une quarantaine d'années de préparation des évêques et des grands du royaume, par Henri VII et Henri VIII, à la servitude.

Puissent mes appréhensions pour la France me tromper ! Je le souhaite passionnément.

Que dis-je ? A force de le souhaiter, je l'espère.

D'abord la récente constitution de l'Union catholique, sous le patronage de S. Em. le Cardinal Richard et la présidence de M. Chesnelong, et surtout l'initiative de Mgr Fava, évêque de Grenoble, prenant hardiment la direction du Comité catholique formé dans son diocèse, sont bien de nature à relever la confiance.

Puis, j'espère avoir mal vu et mal jugé. J'espère que l'avenir justifiera les prudents, les temporisateurs, qu'il les montrera atteignant le même but que « les jeunes », les téméraires, mais avec moins de secousses et en évitant l'effusion du sang et des larmes.

Je refuse d'ajouter foi à ce mot effrayant qu'on attribue à Léon XIII : « En France, il y a encore des évêques, il n'y a plus d'épiscopat. » J'ai confiance que le Pape lui-même, en dépit des apparences contraires, a été exactement renseigné par sa Nonciature à Paris.

Quoi qu'il ne soit rigoureusement infaillible que sur les questions de dogme et de morale, le Pape ne jouit-il pas de lumières toutes spéciales pour le gouvernement de l'Eglise? N'a-t-il pas une assistance surnaturelle et constante du Saint-Esprit? De cela, comme catholique, je ne saurais douter.

Il ne me reste donc qu'à solliciter indulgence et à plaider les circonstances atténuantes. Nous autres journalistes, on peut toujours nous désavouer. Tirailleurs perdus des avant-postes, nous sommes souvent un embarras, quoi qu'il ne soit guère possible de se passer de nous. Que de fois nous nous lançons sur des pistes trompeuses et brûlons notre poudre aux moineaux !

Cependant, lorsque nous apercevons ou croyons apercevoir un grand péril, fût-il imaginaire, notre devoir n'est-il pas de jeter le cri d'alarme, et ne vaut-il pas mieux éveiller le camp par une fausse alerte, que le laisser surprendre en silence et de l'exposer à une capitulation au réveil ?

Le dévouement de Joseph de Maistre et son respect pour l'Eglise n'ont jamais été douteux pour personne. Néanmoins Joseph de Maistre écrivait, dans le plus beau de ses livres, en 1816 ou 1817 :

« Loin qu'il faille craindre dans ce moment « les excès de la puissance spirituelle, c'est tout

« le contraire qu'il faut craindre, c'est-à-dire que « les Papes ne manquent de la force nécessaire « pour soulever le fardeau immense qui leur est « imposé, et qu'à force de plier ils ne perdent « enfin la puissance comme la force de résister[1]. »

L'auteur du *Syllabus*, l'initiateur de la résistance en Allemagne, en Belgique et chez les Arméniens, a donné depuis un démenti éclatant à cette fâcheuse inquiétude exprimée par l'écrivain, et dans le ciel qui les a recueillis tous les deux, le grand polémiste n'a pas été le dernier à aller au devant du grand Pape Pie IX et à lui dire à genoux : « Je vous félicite et vous rends grâces, ô Père! Pour une fois que j'ai paru douter de cette intrépidité du Souverain Pontificat, que, du reste, j'ai défendu de mon mieux, vous m'avez admirablement confondu et relevé de mon erreur! »

[1] *Du Pape*, Liv. III, *Résumé et Conclusions*, 1820.

TABLE DES MATIÈRES

Bourg, imprimerie Villefranche. — 612-91.

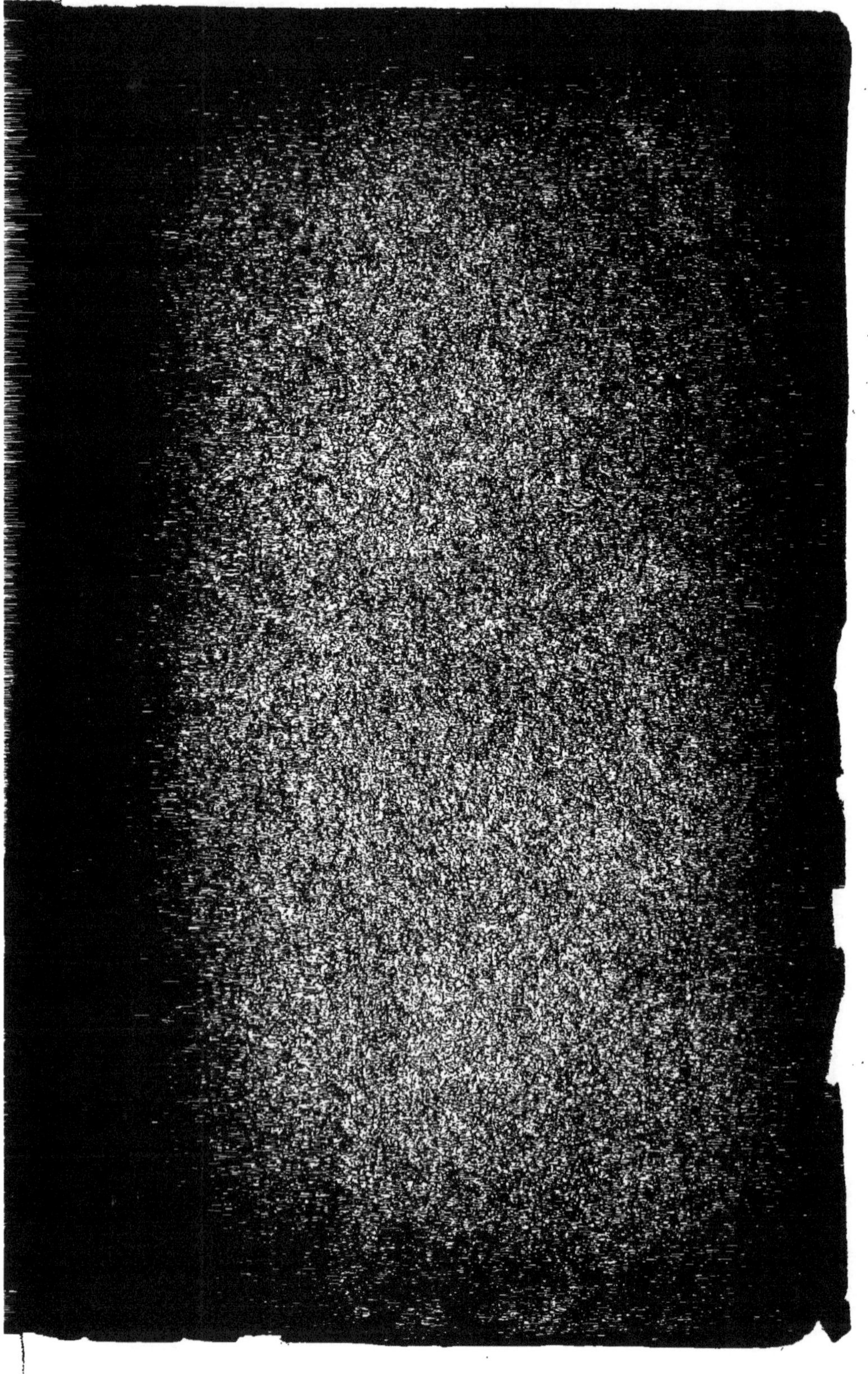

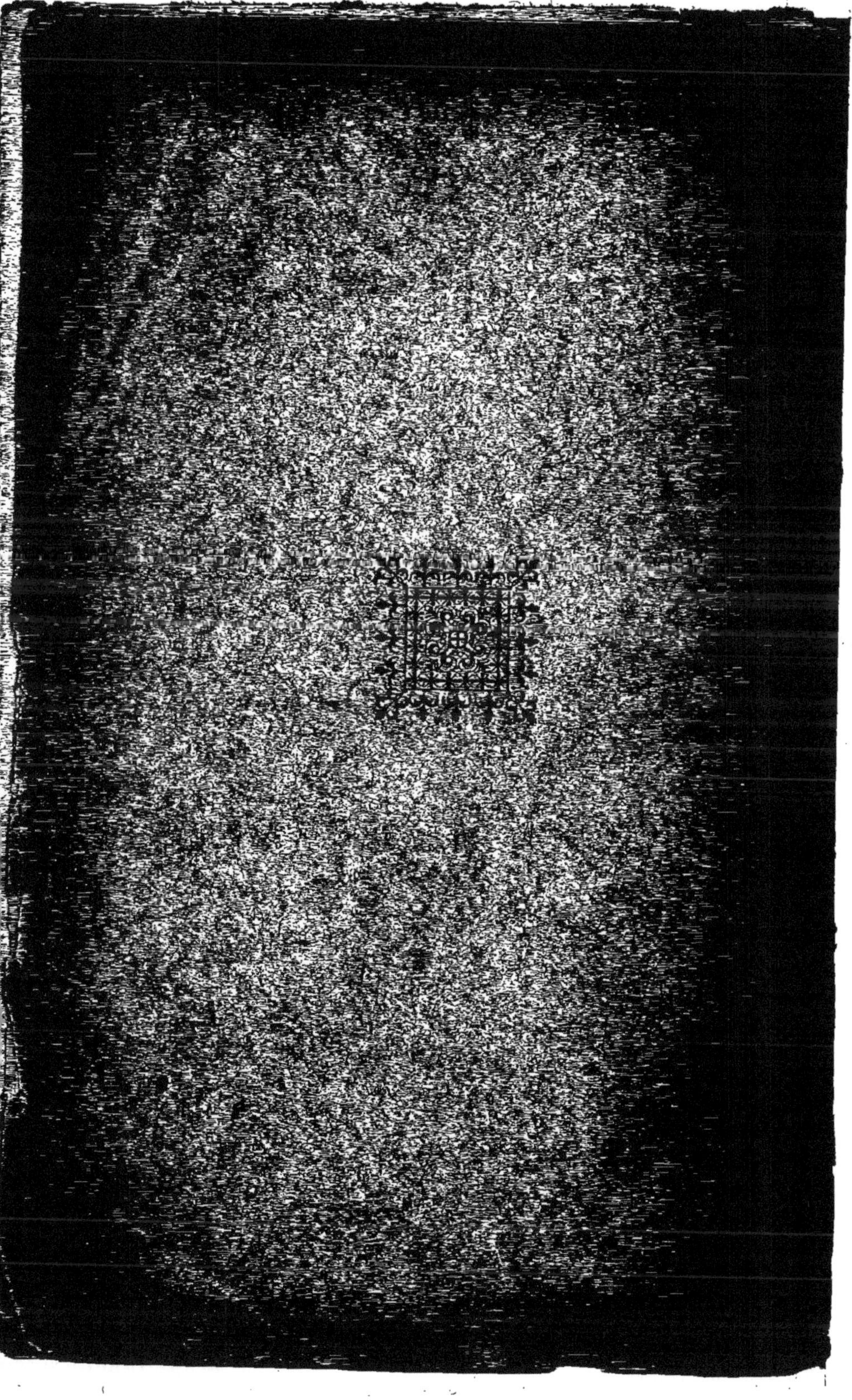

www.ingramcontent.com/pod-product-compliance
Ingram Content Group UK Ltd.
Pitfield, Milton Keynes, MK11 3LW, UK
UKHW022031170726
13837UKWH00002B/529

9 782019 957384